Über *Zurück zu mir*:

Zurück zu mir erzählt von der Liebe in all ihren Facetten. Von der Leichtigkeit einer Beziehung und der Schwere einer Trennung.
In autobiografischen Erzählungen nehme ich dich mit auf meine Reise durch alle Phasen des Liebeskummers – voller Zweifel und Zuversicht. Teile in meinen Tagebucheinträgen den Schmerz, öffne mich für neue Chancen und schließe das Leben ganz fest in die Arme. Zusammen packen wir deinen Rucksack voller liebevoller Ratschläge und erleben gemeinsam das, was sich allein so einsam anfühlt. Und wir laufen los – mit einer Menge Mut und Optimismus im Gepäck in Richtung Freiheit.

Vanessa Florine

zurück zu mir

von Liebeskummer und neuen Chancen

2018 – 2021

Bibliografische Information der Deutschen Nationalbibliothek:
Die Deutsche Nationalbibliothek verzeichnet diese Publikation in
der Deutschen Nationalbibliografie; detaillierte bibliografische Da-
ten sind im Internet über http://dnb.dnb.de abrufbar.

Lektorat: Nadine Grunzig, Celina Latusek
Covergestaltung: Lisa Schneppe / bookcover2go
Illustrationen: Lisa Schneppe

Herstellung und Verlag: BoD – Books on Demand, Norderstedt
ISBN: 978-3-7543-2605-3

Für dich
und mich

ist *für immer*
immer nur
so kurz?

Das mit uns – ist für immer, dachte ich. *Ich kann es mir ohne dich gar nicht mehr vorstellen*, dachtest du.
So sehr ineinander verliebt und eingehüllt in die kuschlige Decke unserer Beziehung begleiteten wir einander. Mit deiner Hand in meiner tapsten wir durch das Leben und legten einander den Arm um, wenn wir die falschen Schritte gingen. Bis wir uns losgelassen haben. Nach falschen Worten, die gesprochen und Entscheidungen, die getroffen wurden. In mir nur noch diese riesen Leere.
Unser *für immer* so viel kürzer, als wir dachten.

Wenn es dich zu diesem Buch geführt hat, dann kann ich fühlen, wie sehr es wehtut. Wie viele Sorgen dir deine Zukunft bereitet und welcher Weg dir bevorsteht.
Vor drei Jahren stand ich an einem ähnlichen Punkt in meinem Leben und deshalb schreibe ich heute diese Zeilen für dich.
Ich weiß, dass auch du deinen Weg finden wirst, denn egal wie tief das Loch ist und wie ausweglos es sich anfühlt, jedes Ende ist ein neuer Anfang. Und deiner beginnt mit diesen Zeilen. Also – starten wir an Tag eins.

eine erinnerung
an das, was war
unsere liebe vergangen
und unser wir
nicht mehr wa(h)r

WAS WIR WAREN

„Auch in 20 Jahren werde ich dich noch lieben."
2008, in rosafarbener Schrift auf zerknittertem Papier, schreibst du mir diese Zeilen mit Herzen als i-Punkte. Und diese Herzen für mich schlagen in mir für dich. Unsere Kindheitserinnerung schlummerte in mir, bis wir uns acht Jahre später wieder treffen und das gemeinsam aufleben lassen, was sich mein 11-jähriges Ich mit dir schon ausgemalt hatte. Und plötzlich fühle ich mich komplett. Es trifft uns mit so einer heftigen Wucht, dass sich meine ganze Welt in den buntesten Farben einfärbt. Dass sich jeder Tag mit dir wie eine Auszeit vom Alltag anfühlt. Jedes Lächeln von dir mich meine Ängste vergessen lässt und deine Zuneigung Gefühle in mir auslösen, die ich vorher nicht kannte. Mit dir kann ich mich fallen lassen – mit dem Wissen, dass du mich auffangen wirst. Du bist das fehlende Teil, wonach ich gesucht hatte. Ohne zu wissen, wonach ich suchte und wie nah du die ganze Zeit über warst. Ich bin mir sicher, dass wir füreinander bestimmt sind. Dass du der Richtige für mich bist, weil sich alles mit dir richtig anfühlt. Weil einmal Zufall sein kann, aber ein zweites Mal unser Schicksal ist – ganz bestimmt.

„Ich glaube, es reicht einfach nicht mehr."
2018, deine Stimme klingt durch den Raum. Während ich noch nicht verstanden habe, was das für uns heißt, spüre ich schon den Kloß in meinem Hals und die Tränen in meine Augen schießen. Während ich dachte, wir leben bereits das, was ich mir für unsere Zukunft wünsche, bist du mit deinen Gedanken bei einer ohne mich.

„Vielleicht war es schon zu perfekt mit dir."

2020, dein Name erscheint auf meinem Bildschirm – wir hören voneinander, nachdem ich dir zum Geburtstag gratuliere. Und irgendwann schreiben wir über das, was zwischen uns passiert ist. Suchen Erklärungen für das, was wir gemeinsam nicht schaffen konnten.

Ich sitze in meinem Zimmer. Ohne dich. Unsere Geschichte liegt schon zweieinhalb Jahre zurück. Vor mir steht ein Karton. Ich packe meine Sachen, um ein neues Kapitel zu beginnen. Und während ich dasitze und durch alte Erinnerungen stöbere, halte ich sie plötzlich in meinen Händen.

Unsere Zeit. Zusammengefasst auf ein paar Polaroids, einem Brief und diesem Post-it von dir. Dieses Post-it, das ich aufbewahrt habe, seit du es mir auf meinen Tisch geklebt hast, als du morgens gegangen bist. Du hast mir diese Nachricht dagelassen, damit du mein erster Gedanke bist. Deine Liebe, mein erstes Gefühl. „Ich liebe dich.", schriebst du mir an diesem Morgen. Ein unordentliches Herz dahinter ließ meins springen.

Meine Erinnerungskiste auf meinem Schoß, mein Blick zurück auf unsere Vergangenheit – irgendwo klebt dieses Post-it noch an mir. Und immer, wenn ich dieses Zettelchen wiedersehe, es aus den dunklen Tiefen hochhole und meinen Blick über deine verknitterten Worte schweifen lasse, bleibt da dieses Gefühl. Das Gefühl, nicht alles gegeben zu haben, während ich uns aufgegeben habe. Und sobald ich anfange, mir Gedanken über nicht genutzte Chancen, vergangene Schicksale und zukünftige Zufälle zu machen, denke ich an dich. Aber nicht an die Version von dir, die du jetzt bist, sondern die Version, die in meinem Herzen weiterlebt. Die

Version von dir, die in mir das Strahlen gesehen hat, bevor ich es selbst sehen konnte. Die Version, die Farben in mein Leben brachte und mir Wärme schenkte. Und mit einem Mal ist da ein ganz neues Gefühl beim Anblick deiner Zeilen. Es gibt keine dunklen Schatten mehr, die sich über unsere glückliche Zeit legen und mich daran erinnern, wie wir endeten. Da ist ein heller Sonnenstrahl, der sich an meine Erinnerungen schmiegt und mich wärmt. So etwas wie Dankbarkeit. Dankbar darüber, all diese Erfahrungen mit dir geteilt zu haben. Dass du in mein Leben getreten bist, wir diese Zeit gemeinsam durchlebt haben. Und zu wissen, dass ich geliebt habe. Dass ich den Schmerz nur spüren konnte, weil es echt war. Weil wir echt waren. Und so umhüllt mich nun dieser warme Sonnenstrahl mit ein bisschen Wehmut und einem dankbaren Blick auf das, was wir waren. Das, was ich durch unsere Zeit lernen konnte und das, was mir für immer in Erinnerung bleiben wird.

Und während ich an einem Punkt in meinem Leben stehe, an dem ich mir viele Fragen beantworten kann und mir darüber bewusst bin, was wir heute sind, existiert irgendwo in den Tiefen meiner Gedanken noch diese letzte Frage: Was ist aus den zwanzig Jahren geworden?

Mit der Liebe ist es wie mit dem Ozean. Sie kommt in Wellen, mal laut und mal leise. Mal bricht sie über dich zusammen und reißt dich mit. Mal umhüllt sie dich in ihrer tobenden Stärke und mal treibst du friedlich auf ihren Wellen dahin. Unsere Liebe hat mich mit einer unglaublichen Wucht mit sich gerissen. Aber irgendwann – war ich allein. Und so einfach, wie sich allein schreibt, so schwer war der Weg dahin. Und deshalb schreibe ich diese

Zeilen. Weil wir manchmal mit Situationen umgehen müssen, die unbequem sind. Die es erfordern, unseren eingesessenen Platz zu verlassen und uns einen Neuen zu suchen. Und manchmal braucht es für solche Situationen Zuspruch von außen, um unseren neuen Platz zu erkennen.

Ich denke oft darüber nach, was es mit der Zeit eigentlich auf sich hat. In diesen unbequemen Situationen fühlt es sich so an, als würde der Zeiger über das Ziffernblatt kriechen und der Schmerz darüber, jemanden verloren zu haben, die Zeit stillstehen lassen. Wenn ich mich an unsere Beziehung erinnere, weiß ich noch, wie schnell die Zeit vergangen ist, wenn wir beieinander waren. Ohne zu merken, in welcher Unsicherheit ich mich sicher fühlte. Unsere Gefühle so intensiv, dass sie unser Ende umso schlimmer machten. Die Zeit ohne ihn umso länger.

Wenn du gerade in dieser Zeit steckst, in den Unruhen des Ozeans treibst und der Schmerz dich mit einer tobenden Wucht mit sich zieht – dann sind diese Zeilen das Richtige für dich. Ich wünsche mir, dir mit meinen Worten Mut zu machen. An der Stelle wieder Mut zu geben, wo du glaubst, ihn verloren zu haben. Dich daran zu erinnern, dass die Liebe immer da ist, ob in unruhigen oder sanften Wellen. Deswegen teile ich in den nächsten Kapiteln meine Geschichte – unterteilt in meine Gedanken, meine Tagebucheinträge von damals und meine Ratschläge aus der heutigen Sicht.

Also starten wir mit meinem Ende: Einem Sonntag, der mir zeigte, was Liebe eigentlich ist und wie sehr sie wehtun kann, wenn sie nicht mehr reicht.

du hast es fallen lassen
scherben überall verteilt
und ich sitze nur da
und spüre
wie es zerbricht
mein herz

UNSER ENDE

Du bist gegangen. Und mit dir, all das Vertrauen, dass ich in unsere Beziehung hatte. Das Gefühl, dass wir, du und ich, echt sind. Egal wie sehr ich versuche, dieses Gefühl festzuhalten, du hast es mitgenommen. Die Angst, die mich in der letzten Zeit begleitet hat, dich zu verlieren, ist mit dieser Entscheidung Realität geworden. Ich habe dich verloren. Und in dem Moment, als du mir das sagst, fühlt es sich so an, als wäre ich nicht Teil des Gesprächs. Ich bin nicht bei mir. Ich stehe daneben und schaue dabei zu, wie wir uns voneinander entfernen. Ich sehe mich auf meinem Bett liegen, die Tränen über beide Wangen laufen, während du mir gegenübersitzt und mich hilflos anschaust. In deiner Stimme die Entschlossenheit, deinen Weg jetzt allein weiterzugehen. Zum Abschied stehen wir voreinander. Ich weiß, dass es das letzte Mal ist, dass ich in deine Augen blicke, in deiner Umarmung versinke und dich danach gehen lassen muss. Du schaust mich an und ich hoffe, in deinen Augen zu sehen, dass du deine Entscheidung bereust. Aber da ist nichts. Keinen Funken Hoffnung, den ich wünsche, in deinem Gesicht zu lesen. Du drehst dich um, gehst aus der Tür und meine ganze Welt bricht mit einem Mal zusammen. In meiner Vorstellung hatten wir so viele Pläne, du warst Teil meiner Zukunft – aber ich nicht in deiner. Alles, was wir hatten, was ich dachte, was wir wären, hat sich in diesem Moment aufgelöst. Es fühlt sich so an, als wäre alles von mir mit dir gegangen. Ich sitze eine ganze Weile einfach nur da, starre ins Nichts und fühle mich so leer wie noch nie zuvor. Ich weiß nicht wohin. Ich weiß nicht, was ich denken soll und wie ich jemals ohne dich funktionieren soll.

- Ein paar Stunden danach -

„Ich hätte nicht gedacht, dass es so weh tut. Als er mir heute gesagt hat, dass er sich trennen möchte, hat es sich so unwirklich angefühlt. Es gab zwar schon öfter den Gedanken daran, doch heute habe ich es gar nicht erwartet. Als er gegangen ist, bin ich vor der Tür zusammengebrochen.

Zum Glück war Mama da. Ich habe nur geweint und wollte Schreien vor Schmerz. Es war, als hätte er mir mein Herz rausgerissen."

Ich weiß nicht, was bei dir passiert ist, dass du zu diesem Buch gegriffen hast. Ich weiß nur, dass wir einen ähnlichen Schmerz teilen. Dass du weißt, wovon ich rede, wenn ich schreibe, dass mein Herz zerrissen wurde und ich mich leer und allein gefühlt habe. Wie verloren ich dasaß und vergeblich darauf wartete, dass alles nur ein schlechter Traum ist.

Es wird eine Zeit dauern, bis du das wirklich realisierst, annehmen kannst und zu dir selbst zurückfindest. Von meinen eigenen Erfahrungen kann ich dir sagen, dass der Weg dahin so viele neue Erkenntnisse und Abenteuer mit sich bringt, die du ohne diese Trennung niemals gemacht hättest. Und das ist einer der ersten Punkte, den ich dir vor Augen führen möchte. Es tut weh. Es ist ein schmerzliches Gefühl, verlassen und vor den Kopf gestoßen zu werden. Nicht so gewollt zu werden, wie du die andere Person wolltest. Aber es ist auch eine der größten Chancen, all die Liebe, die du für diesen Menschen in dir trägst, für dich zu spüren. Dir selbst näher zu kommen und dir

Zeit für dich zu nehmen. Und eines kann ich dir mit auf den Weg geben: Es wird sich lohnen. Es wird Momente geben, in denen du dich fragen wirst, wie viel Schmerz ein Mensch denn noch ertragen kann. Momente, in denen es so sehr weh tut, dass du nicht weißt, wie du jemals heilen kannst. Aber es werden auch immer mehr Momente dazu kommen, in denen du merkst, dass du wächst. Dass das Gebrochene in dir wieder zusammenfindet – und du zu dir zurück.

Am Ende dieser Reise wirst du wieder ein Ganzes sein. Ein noch stärkeres Ganzes, als du es zuvor warst. Für den ersten Tag, wenn du gerade von dem Ende eurer Beziehung erfahren hast oder ihr euch gemeinsam dafür entschieden habt, gebe ich dir den Tipp, dir die Zeit zu geben, die Nachricht bei dir ankommen zu lassen.

Du wirst das Gefühl haben, innerlich zu zerbrechen. Nicht vollständig zu sein. Einen Teil von dir mit dieser Person verloren zu haben. Das ist verständlich und ganz normal. Egal, wie eure Beziehung auseinandergegangen ist, du hast einen Lebensabschnitt mit dieser Person geteilt. Ihr habt gemeinsam intensive Momente erlebt und wertvolle Erfahrungen gemacht. Ihr seid miteinander gewachsen und habt euch zusammen weiterentwickelt. Das Alles löst sich im ersten Moment in Luft auf. Verpufft – einfach so, als ob es nie gewesen wäre. Das tut weh, sehr sogar. In diesem Moment konnte ich mir keinen schlimmeren Schmerz vorstellen. So schwer diese ersten Tage auch sind, daran führt leider kein Weg vorbei. Ich glaube, wir müssen den Schmerz und die Trauer zulassen, um eine Trennung zu verarbeiten.

Nimm dir deine Zeit, begib dich an einen ruhigen Ort, an dem du dich wohlfühlst. Mach dir deine Lieblingsplaylist an und spüre das, was du gerade spüren musst. Weine alles raus, was raus muss, spür die Verzweiflung, die Enttäuschung, die Leere. Trauer ist auch nur ein Gefühl – und jedes Gefühl kommt und geht. Nichts davon bleibt für immer. Ich verspreche dir, dass es dich irgendwann wieder loslassen wird. Vielleicht ist es dein Weg, Gefühle von dir wegzuschieben, aber ich glaube daran, dass es einen früher oder später einholen wird, wenn man sich nicht die Zeit dafür nimmt.

Also lass es zu. Auch wenn es ein paar schwere Stunden und Tage werden, lass mich dir sagen, dass es Schritt für Schritt bergauf geht.

Genauso ging es mir auch. Ich fing an zu schreiben, um meine Gefühle festzuhalten. Ich wusste, dass die Zeit mir helfen wird, damit umzugehen. Deshalb wollte ich meine Gefühle aufs Papier bringen, um jeden Tag zurückschauen und meine Entwicklung sehen zu können.

Also fing ich an, meine Gedanken aufzuschreiben. Den Worten einen Platz zu geben und einen Ort zu schaffen, an den ich immer wieder zurückkehre, wenn es besonders wehtut. Das tägliche Schreiben half mir dabei, in mich hineinzuhören. Meine Gefühle genau zu beobachten und zu verstehen, wie es in mir aussieht. Ich versuchte nichts zu unterdrücken, keine Gefühle von mir zuschieben. Ich trauerte, weil ich trauern musste, um ihn loszulassen.

angst vor dem tag
der maske
dem funktionieren
obwohl ich ohne dich
nicht funktioniere

DER ERSTE TAG

Ich wache auf und denke an dich. An uns. An das, was wir waren. Wünsche mir dich her zu mir. Schließe wieder meine Augen. Möchte nicht aufstehen und für immer in diesem Bett bleiben. Kann nicht fassen, dass du wirklich weg bist. Dass dieser Albtraum doch keiner ist. Stelle mir vor, wie du neben mir liegst. Erinnere mich sofort an deinen ruhigen Atem, wenn du geschlafen hast, dein friedliches Gesicht, dein angewinkeltes Bein, deinen Arm weit ausgestreckt. Wie du dich zu mir rüber rollst und mich an dich ziehst, wie dein Wecker zum dritten Mal klingelt, aber du wieder und wieder auf Schlummern tippst. Daran, wie ich dir sage, dass es Zeit wird aufzustehen, du aber nur vor dich hin grummelst und mich nicht loslässt.

Mich nicht loslässt. Ich bin wieder im Hier und Jetzt. Du hast mich losgelassen. Du liegst nicht neben mir, wo du eigentlich hingehörst. Das ist jetzt nicht mehr dein Platz. Während ich mit meiner Hand über deine Seite streiche, die sich kalt und leer anfühlt, wird es mir bewusst – und es tut wieder so weh. Ich frage mich, wie ich diese Leere aushalten soll. Wie gehen andere mit diesem Schmerz um und wann wird es besser? Und doch weiß ich, dass ich es schaffen werde. Dass es mit jedem Tag leichter wird und ich wieder glücklich sein werde. Auch ohne dich.

Ich stehe auf. Schleppe mich von meinem Bett ins Badezimmer, um mir die Trauer aus dem Gesicht zu waschen. Ich blicke in den Spiegel. Meine Augen sind rot, verweint und angeschwollen, weil ich so viele Tränen vergossen habe. Ich sehe müde aus, weil ich kaum Schlaf finden konnte. Weil dein Platz die ganze Nacht leer war. Und mir so kalt war, weil du gefehlt hast. Je länger ich mich im Spiegel anschaue, desto trauriger macht mich mein eigener Anblick. Ich spüre den Schmerz – und ich sehe ihn. Ich schaue ihm zwangsläufig ins Gesicht. Und schon fließen wieder die Tränen. Ich setze mich auf den Badezimmerteppich und warte, bis dieses schmerzliche Gefühl vorbeigeht. Bis ich für den Moment alles ausgeweint habe und keine Tränen mehr nachkommen. Irgendwann gehe ich zurück in mein Zimmer. Schaue auf mein Bett und den Teppich davor. Dort lag immer deine Kleidung. Immer habe ich mich darüber geärgert, dass du alles hast rumliegen lassen. Du warst mir immer zu unordentlich. Und jetzt – sieht es leer aus. Dort, wo deine Sachen lagen, sind jetzt meine Shirts und Pullis der letzten Tage verstreut, weil es ja doch egal ist. Weil es sich nicht lohnt, irgendetwas wegzuräumen. Weil ich das Gefühl habe, dass sich gerade rein gar nichts lohnt. Je länger ich durch mein Zimmer schaue, desto mehr fehlt mir darin deine Unordnung. Deine Socken, die überall verteilt waren, dein kuschliger Hoodie, deine Schlüssel auf meinem Nachtisch. Aber etwas in mir erinnert mich daran, dass ich weitermachen muss. Dass es nur nach vorn und nicht zurück geht.

Also versuche ich, etwas zu essen. Und während ich mir mein Brot vorbereite, denke ich daran, wie wir zusammen im Bett gefrühstückt haben. Wie du für gefühlte Ewigkeiten in der Küche verschwunden bist, weil du so perfektionistisch unser Frühstück vorbereitet hast, wie ich es noch nie bei jemanden gesehen habe. Es ist gerade ganz egal, was ich mache – alles erinnert mich an dich. Du bist weg und doch bist du hier überall. Meine Erinnerungen verfolgen mich durch die ganze Wohnung. Und sobald eine neue Erinnerung in meinen Gedanken aufkommt, überkommt es mich – die

Tränen fließen über mein Gesicht. Wann ist dieser erste Schmerz vorbei? Wann vergeht das Gefühl, dass ich ohne dich einfach nicht weiß, wie ich weitermachen soll? Wann sind meine Tränen endlich aufgebraucht?

- Der erste Morgen -

„Es tut gerade schrecklich weh. Ich glaube, morgens wird es immer am schlimmsten sein. Ich liege im Bett, denke darüber nach und weiß nicht, wie ich den Tag rumkriegen soll. Ich glaube, ich muss jeden Morgen neu realisieren, was passiert ist.

Ich spiele in meinem Kopf immer wieder verschiedene Momente mit ihm ab. Das Schlimmste ist zu wissen, dass es so nie wieder sein wird. Ich würde mich so gerne bei ihm melden und mit ihm reden, seine Stimme hören und von ihm in den Arm genommen werden, aber das ist jetzt alles weg und vorbei. Ich hätte nicht gedacht, dass es so schlimm sein kann. Ich hoffe, dieser Tag wird noch besser."

Aller Anfang ist schwer – und dieser ganz besonders, weil es gleichzeitig ein Ende ist. Der erste Morgen, nachdem das ganze Leben auf den Kopf gestellt und alle Pläne durchkreuzt wurden, ist der schmerzlichste Teil. Das Chaos in deinem Kopf und vor allem in deinem Herzen lastet auf dir – mit so einer Schwere, dass es einer Ohnmacht nahekommt.

Falls du für den heutigen Tag einen Plan hattest und es sich für dich richtig anfühlt, dann nutz die Chance und geh ihm nach! Ich weiß, was das für eine große Überwindung ist, sich aus dem Bett rauszutrauen - das erste Mal. Es war bei mir ganz genauso: Ich wollte mich den ganzen Tag am liebsten unter meiner Bettdecke verstecken, mich keinesfalls einem Alltag ohne ihn stellen. Aber es wird dir helfen, deine neue Situation zu realisieren. Es ist ein Anfang, dein Leben auch ohne dein:e Partner:in weiterzuleben. Wenn du dich absolut nicht überwinden kannst, dann lass dir noch die Zeit, die du brauchst. Hier gibt es kein Richtig oder Falsch – es gibt nur deine Gefühle – und denen bist du es schuldig, auf sie zu hören und sie zu achten. Fühlst du jedoch ein wenig Mut, den Tag zu bestreiten, dann nimm all deine Motivation zusammen und versuche, das Beste daraus zu machen.

Ich habe es mir zur Gewohnheit gemacht, meine Gefühle auf Papier zu bringen. So startete und endete mein Tag mit einem Tagebucheintrag. Für mich war das Schreiben der Weg, meinen Schmerz erträglicher zu machen. Mir von der Seele zu schreiben, was ich noch nicht aussprechen konnte. Meine Verzweiflung und Trauer in Worte zu fassen, obwohl ich kaum Worte für diese Gefühle finden konnte.

Vielleicht kann es dir auch helfen, deinen Kummer aufzuschreiben, um für einen Moment deine Gedanken von dir zu lösen. Schreib das auf, was du fühlst. Es bedarf keiner Regeln. Alles kann, nichts muss. Das ist dein Rückzugsort. Wenn du deine Gedanken erst mal auf Papier gebracht hast, sind sie für einen Moment zumindest aus deinem Kopf raus und du fühlst dich leichter. Also schnapp dir einen Notizblock oder deinen Laptop und schreib drauf los. Brauchst du doch ein paar Fragen, an denen du dich orientieren kannst, dann habe ich hier etwas Inspiration für dich.

- Wie fühlst du dich gerade?
- Wie stehst du zu deiner Situation?
- Wie sieht dein Plan für den Tag aus?
- Wie war dein Tag?
- Was fehlt dir am meisten?
- Kannst du irgendetwas Positives an dieser Situation erkennen?
- Worauf freust du dich in der Zukunft?
- Wo möchtest du in einem Monat sein?
- Wo möchtest du in einem Jahr sein?
- Wofür bist du dankbar?

Was mir vor allem geholfen hat, ist, mich an Dingen festzuhalten, für die ich dankbar bin. Einen Blick für die Dinge zu bekommen, die neben dem ganzen Chaos trotzdem gut laufen. Und das können die kleinen und großen Dinge sein. Ist es, dass deine Nachbarin dich heute Morgen nett angelächelt hat? Dass du ein Dach über dem Kopf hast? Dass du beruflich das tust, was dir Spaß machst? Dass du tolle Freund:innen hast, auf die du zählen kannst? Dass du heute Morgen dein Lieblingsfrühstück machen konntest? Es gibt so viele Dinge, für die du dankbar sein kannst und die für viel zu selbstverständlich gehalten werden. In den Momenten, in denen du das Gefühl hast, dass es nicht schlimmer kommen kann, kann es dir helfen, einen Blick für das Gute in deinem Leben zu entwickeln, sodass dein Tag nicht ausschließlich von negativen Gedanken geprägt ist. Also fang an, dich immer mal wieder daran zu erinnern, wofür du trotz deiner Situation dankbar sein kannst. Und wenn du dieses Gefühl von Dankbarkeit spürst, dann saug es auf und versuch für einen Moment, mit deiner Dankbarkeit der Trauer zu trotzen. So entwickelst du nach und nach eine Spirale positiver Gedanken, die dir helfen wird, den Kummer jedes Mal ein kleines Stückchen zu verringern und mit Positivem zu überdecken.

Ich kann aber genauso gut verstehen, wenn du diese Gedanken gerade noch nicht zulassen kannst. Es sagt sich so einfach, dass du an das Positive in deinem Leben denken sollst. Ich weiß, dass deine Gedanken gerade nur um eure Trennung kreisen und es unfassbar schwierig ist, deinen Fokus auf das Positive zu lenken. Wenn du das gerade noch nicht kannst, dann setz dich auch damit nicht unter Druck. Vielleicht startest du damit, jeden Tag eine Zeile darüber zu schreiben, was schön an deinem Leben ist. Und auch wenn es sich gerade unmöglich anfühlt, du wirst dich wieder für das Positive öffnen. Und das Positive wird dich wiederfinden.

Noch effektiver waren bei mir Zukunftspläne. Natürlich hast du nicht damit gerechnet, dass alles, was du bisher geplant hast, wie du dachtest, wie dein Leben verlaufen wird, zerrüttet wird. Aber ein Neuanfang ist auch immer eine neue Chance. Ein neuer Weg, den du einschlagen kannst. Neue Optionen, die sich mit deiner neugewonnenen Freiheit und Unabhängigkeit eröffnen.

Also stell dir einfach mal vor, wo du in ein paar Monaten sein möchtest, wie dein Jahr verlaufen soll. Du hast alle Möglichkeiten dieser Welt, alle Grenzen befinden sich nur in deinem Kopf. Du kannst alle deine Ideen und Träume neugestalten, dich neu erfinden. Wenn du dir darüber bewusst wirst wie frei und selbstbestimmt du in diesem Moment entscheiden kannst, dann wirst du vielleicht anfangen, etwas Positives an deiner Situation zu erkennen. Auch hier gilt wieder: Je mehr positive Gedanken du hast, desto mehr können die negativen Gefühle überschattet werden.

Also halte genau das in deinen Einträgen fest. Schreibe darüber und werde dir bewusst, wie vielseitig dein Leben ist. Dass es ein Leben vor dieser Beziehung gab und es auch eins danach geben wird. Dass es nur eine dunkle Wolke ist, die gerade einen Schatten über dich wirft. Alles ist nur eine Phase und kein Gefühl wird für immer anhalten. Ich verspreche es dir.

– Ein Tag nach der Trennung –

„Mir geht es besser. Der Tag heute war ein einziges Auf und Ab. Heute Morgen war es erst sehr schlimm, dann habe ich mich nach draußen gesetzt und versucht zu lernen. Das war ganz okay. Danach hatte ich ein sehr starkes Tief. Ich habe mir alte Chatverläufe durchgelesen und hätte ihm am liebsten eine Nachricht geschickt. Ich habe viel bei Mama im Arm gelegen und geweint.
Ich weiß, dass ihm zu schreiben alles noch schwieriger machen würde. Ich weiß nicht mal, was ich von ihm hören wollen würde. Ob es noch mal eine Chance für uns gibt? Ich weiß es nicht. Auch wenn ich mir nichts mehr wünsche, als bei ihm zu sein, darf ich nicht unsere Probleme vergessen. Aber sein Lachen fehlt mir einfach sehr.

Ich hoffe, der Tag morgen wird nicht so schlimm. Ich glaube, es wird mir guttun, mich mal wieder etwas fertigzumachen und rauszugehen, auch wenn ich gar keine Lust dazu habe.

Ich möchte gerne glücklich sein. Ich möchte mein Leben genießen. Ich hoffe, diese Phase geht schnell vorbei.

Ich habe mich heute immer wieder gefragt, wie es ihm wohl geht... Ich möchte, dass er glücklich ist. Aber ist es komisch, wenn es mich beruhigen würde, wenn es auch ihm damit schlecht geht? Möchte ich überhaupt, dass wir noch mal eine Chance haben?

Ich glaube, dass es nicht passt, so lieb ich ihn auch habe. Unsere Vorstellungen von einer Beziehung und vom Leben passen nicht zusammen. Heute Abend geht es mir etwas besser und ich hoffe, dass mich der nächste Morgen nicht wieder aus der Bahn wirft."

So beendete ich den ersten Tag nach der Trennung. Die Tage fühlen sich an wie Ewigkeiten, vor allem wenn du ein Tief durchlebst. Aber nach jedem Tief kommt wieder ein Hoch – jeden Tag aufs Neue. Es ist ein Kampf stark zu bleiben, dem Gefühl nicht nachzugeben, sich bei dem anderen zu melden. Aber glaub mir – wenn es vorbei ist, dann ist es wichtig für euch, Distanz aufzubauen.

Der beste Tipp, den ich dir geben kann, ist erst mal den Kontakt zueinander abzubrechen. Auch wenn dein:e Ex-partner:in deine erste Bezugsperson ist und ihr euch alles anvertraut habt – wenn es vorbei ist, dann könnt ihr euch in dieser Situation nicht helfen. Ihr müsst da ohne einander durchgehen. Ich weiß, wie sehr du dir wünschst, dass er:sie sich meldet, ihr noch mal darüber redet und noch eine Chance habt. Wenn eine Trennung allerdings immer wieder im Raum stand und jetzt die Entscheidung gefallen ist, bringt es nichts, sich weiter daran festzuklammern. Es steht in den Sternen, ob es irgendwann eine zweite Chance für euch gibt und ich glaube daran, dass ihr den Weg zueinanderfinden werdet, wenn ihr füreinander bestimmt seid.

Nur gerade soll es offensichtlich nicht sein. Gerade müsst ihr erst mal Zeit allein verbringen, euch wieder selbst finden und einen eigenen Weg einschlagen. Vielleicht habt ihr irgendwann die Möglichkeit, noch mal über alles zu sprechen, aber dafür braucht es Zeit.

Ich rate dir dazu, vorerst alles aus deinem Alltag zu verbannen, das dich an die Beziehung erinnert. Ich würde nichts von euren gemeinsamen Erinnerungen wegwerfen – ich selbst schaue mir so gerne alte Fotos an und denke an Vergangenes zurück. Aber für den Anfang erleichtert es dir die Verarbeitung, wenn du dich nicht andauernd mit den schönen Phasen eurer Beziehung konfrontierst. Alle Fotos, die du gerne als Erinnerung an diese Zeit in deinem Leben behalten willst, kannst du auf eine Festplatte ziehen und somit dein Handy von euren Fotos befreien, um Platz für neue Erinnerungen zu schaffen.

Archiviere euren Chatverlauf, häng eure Bilder von der Wand ab, räum vergangene Geschenke weg. Wenn du noch Sachen von ihm:ihr hast, dann räum alles in eine Kiste. Lass entweder Freund:innen die restlichen Sachen zurückgeben oder bring deine Kiste voller Erinnerungen in den Keller – sodass du erst mal davon befreit bist, dich ständig an die Beziehung erinnern zu lassen.

Du solltest deinen Fokus jetzt voll und ganz auf dich legen – du bist deine allererste Priorität und das werden wir jetzt gemeinsam angehen. Wir kriegen das wieder hin, glaub mir.

letztlich verband uns
dich und mich
nur noch ein
und

DER ZWEITE TAG

Ich weiß nicht, wie ich diesen Schmerz eine Sekunde länger aushalten soll. Ich habe mich noch nie so klein, verletzlich und schwach gefühlt. Ich spüre eine absolute Leere – alles erscheint sinnlos. Ich möchte zurück zu dir, dir schreiben, in deiner Nähe sein. Möchte von dir hören, dass du dich geirrt hast, dass du alles zurücknimmst und wir eine Lösung finden werden. Aber doch weiß ich, dass nicht davon passieren wird. Dass diese Entscheidung endgültig ist und es uns nicht mehr gibt. Aber wie kann es etwas nicht mehr geben, dass sich noch so wirklich anfühlt? Vielleicht gibt es noch diese Wirklichkeit, vielleicht schweben wir nur darüber und müssen wieder zu ihr zurückfinden. Aber vielleicht bist du auch schon in deiner neuen Realität angekommen. Vielleicht schwebe nur ich hier und vielleicht sollte auch ich lernen, in meiner neuen Realität anzukommen.

- Der zweite Morgen -

„Kurz nachdem ich aufwache, ist die Trennung der erste Gedanke, der mich in die Realität holt. Es ist, als würde ich von meinem Schmerz geweckt werden. Ich weine mich in den Schlaf und erwache mit den Gedanken an ihn. Ich bin schnell aufgestanden und habe angefangen zu arbeiten... Bis mir seine Mutter geschrieben hat. Sie sagte, dass ihr Leid tut, was passiert ist und fragte, wie es mir geht. Ich musste direkt weinen, konnte mich aber kurz danach ganz gut fangen. Sie hat gesagt, dass es ihm auch nicht so gut geht. Ich glaube, wenn aus uns noch mal was werden soll, dann werden wir wieder zueinander-finden.

Es bringt nichts, ihm hinterherzulaufen, wenn er sich von mir getrennt hat. Vielleicht haben wir irgendwann noch mal eine Chance und so sehr ich ihn auch vermisse, brauchen wir den Abstand zueinander, denn wir haben uns nicht grundlos getrennt."

Wie geht es dir heute? Es ist schwer zu sagen, wann es an der Zeit ist, das eigene Bett zu verlassen. Ich weiß, wie furchtbar langsam die Zeit gerade vergeht. Wie alles um dich herum stillsteht, während es in dir so laut ist. Wie du an deinen Erinnerungen festhältst und Gespräche wiederholst. Wie auch immer du dich heute fühlen magst, du wirst eines Morgens erwachen und diesen kleinen Funken Mut spüren, aufzustehen. Lass dich nicht unter Druck setzen. Zieh dich zurück, so lange, wie du dich zurückziehen willst.

Aber wenn er da ist, dieser kleine Funken – dann greif danach und versuch dich daran hochzuziehen. Glaub mir, es wird dir helfen, wieder rauszugehen, Menschen zu sehen und etwas Ablenkung zuzulassen.

Vielleicht ein Spaziergang? Allein spazieren zu gehen, gibt mir die Ruhe, meine Gedanken zu sortieren und Ordnung zu schaffen. Nimm dir die Zeit, atme tief ein, lass frische Luft in dich hineinströmen. Nimm wahr, wie das Leben hier draußen weitergeht. Lass zu, dass deine Welt nicht weiter stehen bleibt. Denn das muss sie nicht, aber nur du kannst das verändern. Sobald dein erster Schmerz abgeklungen ist, du etwas Mut fassen und andere Gedanken zulassen kannst, kannst du aktiv daran arbeiten, dass sich dein Zustand verbessert.

Falls du dich dazu bereit fühlst, empfehle ich dir, das Geschehene zu reflektieren. Dich nicht mehr nur an Erinnerungen festzuhalten und in der Trauer zu versinken, sondern dir die Zeit zu nehmen, zu verstehen, warum die Dinge so geschehen sind. Was ist zwischen euch passiert? Wieso haben sich die Dinge so entwickelt, die euch jetzt auseinandergebracht haben? An welchem Punkt habt ihr unterschiedliche Richtungen eingeschlagen?

Aus der Trauer heraus ist es schwer, Dinge zu verstehen, die man eigentlich nicht verstehen will. Vielleicht kannst du versuchen, die Trennung aus anderen Blickwinkeln zu betrachten. Was spricht gegen euch? Was passt zwischen euch nicht? Hat dir etwas in der Beziehung gefehlt? Was hast du dir gewünscht?

Je mehr du dich damit auseinandersetzt, was eigentlich passiert ist, desto mehr wirst du lernen zu verstehen, warum sich eure Wege getrennt haben. Ich kann gut verstehen, was du gerade durchmachst. Ich bin selbst einen ähnlichen Weg gegangen. Mittlerweile bin ich dankbar für diese wahnsinnige Erfahrung. Es hat mir gezeigt, dass ich fähig bin zu lieben. Es ist ein Geschenk, tiefe Gefühle zuzulassen. Sich einem Menschen zu öffnen und einander zu vertrauen. Ich bin dankbar für das, was mich diese Beziehung gelehrt hat. Dankbar darüber, dass ich eine tiefe Verbindung zu einem Menschen zulassen konnte, und dass ich durch diesen Liebeskummer gemerkt habe, wie verwundbar ich bin.

Ich weiß, dass es gerade schwer ist, so auf das Ende deiner Beziehung zu blicken. Je mehr Zeit vergeht und je mehr Antworten du auf diese Fragen findest, desto mehr wirst du verstehen, warum es so kommen musste. Und irgendwann, wenn du dein Glück wiedergefunden hast und auf eure Zeit zurückblickst, wirst auch du mit einem Lächeln im Gesicht darauf schauen können.

- Zwei Tage nach der Trennung -

„Heute war es besser als gestern. Seit dem kurzen Weinen heute Morgen wegen der Nachricht von seiner Mama, musste ich den ganzen Tag über nicht mehr weinen. Ich merke, wie ich anfange, mich an den Gedanken zu gewöhnen. Ich habe gute Musik gehört, habe über die Trennung nachgedacht, aber ich konnte auch einmal lachen. Es erleichtert mich zu sehen, dass sich etwas tut.

Ich weiß, dass es noch einige Zeit dauert, bis ich darüber hinweg bin, aber ich weiß, dass sie kommen wird und das gibt mir viel Kraft. Ich frage mich, was er darüber denkt. Ihm zu schreiben, ist immer noch keine Option. Ich versuche optimistisch zu sein und mich auf den Urlaub zu freuen, der jetzt schon in drei Tagen ansteht. Ich denke, es wird mir guttun, hier rauszukommen und Neues zu sehen.

Ich habe aber auch Angst, weil ich weiß, wie schnell sich mein Zustand wieder verschlechtern kann. Weil dieser kurze Optimismus noch nicht so lange anhält – und ich fürchte mich vor dieser neuen Welle an Schmerz, weil ich weiß, dass sie noch mal kommen wird.

Heute Abend habe ich meinen Mädels von der Trennung erzählt. Alle haben total lieb reagiert und akzeptiert, dass ich nicht weiter darüber reden möchte.

Ich hoffe, jeder Tag wird jetzt ein Stück besser."

Beginne dich der Realität zu stellen. Fang an, über die Trennung zu sprechen. Wissen deine Eltern bereits Bescheid? Deine engsten Freunde? Versuche, darüber zu reden. Die neue Realität anzunehmen – deine neue Realität.

Ich weiß, dass das ein schwerer Schritt ist, es auszusprechen. Du hast das Gefühl, es wird dadurch noch ein Stück mehr wahr. Aber das ist genau das, was bei dir passieren muss. Nach der ersten Trauer, dem Verkriechen, dem Ausweinen ist es an der Zeit, sich den neuen Tatsachen zu stellen. Du brauchst es nicht gleich bei allen an die große Glocke hängen. Fang Stück für Stück an dich deinen engsten Bezugspersonen zu öffnen und gib dir Raum und Zeit, darüber zu sprechen. Es ist wichtig, dass du dich jemandem anvertraust.

Falls das zum jetzigen Zeitpunkt noch keine Option für dich ist und du noch mehr Zeit für dich brauchst, dann ist das auch okay. Jeder Mensch geht mit so einem Schmerz anders um und jeder braucht unterschiedlich lange, um darüber sprechen zu können. Also lass dir die Zeit und sobald es sich für dich richtig anfühlt, dann fang langsam damit an, darüber zu sprechen.

ich bin dein
du bist mein
und zusammen sind wir ein
klingt nach
unserer erinnerung

DER DRITTE TAG

Und wieder trifft mich morgens der Schlag – die Erkenntnis, dass du nicht neben mir liegst. Während ich verloren zur anderen Bettseite schaue, habe ich sofort dein Gesicht vor Augen. Sofort kommen mir all die Erinnerungen in den Sinn, die wir miteinander teilen. Ich erinnere mich an einen unserer glücklichsten Momente. Ein Geburtstag von Freunden, irgendeine Musik, dessen Rhythmus uns verband. Rote und blaue Lichter, die den Raum füllen. Eine Menge Menschen, die um uns herumwuseln. Aber mehr ist da nicht von dem Drumherum. Ich sehe nur dich. Dein Lächeln. Deine Hände, die meine umschließen, dein Lachen, das nur mir gilt und wie wir tanzen. Wie wir einfach nur zusammen tanzen. Wir uns komplett dem Moment hingeben, uns verlieren und beieinander wiederfinden. Mehr ist gar nicht passiert – trotzdem weiß ich noch, wie das Glück durch meine Adern pulsierte und wie viel Liebe ich für dich in diesem Moment empfand. Dieser besondere Augenblick, der mir jetzt so weit weg scheint. Während ich bei der Erinnerung lächele, weil es sich so allgegenwärtig anfühlt, tropft eine Träne auf mein Kissen. Und da bin ich wieder – zurück in meiner Realität. Keine Lichter, keine Musik, kein Tanzen, kein Wir. Der Morgen hat es wirklich in sich. Der Start in den Tag fällt mir so schwer. Alles scheint eine riesige Aufgabe zu sein und ich habe keine Ahnung, wie ich sie bewältigen soll. Wie ich zu mir zurückfinden soll. Ich weiß nur, dass ich muss. Dass es keinen anderen Weg gibt. Keinen Weg zurück – nur nach vorne. Und ich muss lernen, nach vorne zu schauen. Vor allem morgens.

– Der dritte Morgen –

„Guten Morgen. Die Nacht war ganz gut, der Morgen ist etwas traurig, aber es ist okay. Es ist wieder der erste Gedanke am Tag. Wenn ich an ihn denke, dann taucht immer sein lächelndes Gesicht in meinen Gedanken auf. Ich versuche dann daran zu denken, wegen wie vieler Dinge wir uns gestritten haben und in wie vielen Situationen ich eine andere Meinung hatte.

Heute darf ich mich nicht so sehr davon ablenken lassen. Ich schreibe morgen meine Klausur und muss lernen."

– Zwei Stunden später –

„Ich habe eben gesehen, dass er die Fotos von uns von seinem Instagram Profil gelöscht hat. Obwohl ich es auch gemacht habe, tat es weh, das zu sehen.

Ich frage mich, wann wir das nächste Mal wieder etwas voneinander hören werden. Es ist so komisch, wie nah und vertraut wir uns waren und an welchem Punkt wir heute stehen. Ich kann ihm nicht schreiben, nicht mit ihm reden, eigentlich gar nichts. Das ist so erschreckend, wenn ich überlege, wie es noch vor ein paar Tagen war.

Ich denke, es wird immer wieder diese Phasen geben, in denen ich schockiert darüber bin, was mit uns passiert ist. Während ich das schreibe, macht mich das trauriger, als ich dachte.

Ich muss jetzt wieder versuchen, mich etwas abzulenken und dann versuche ich gleich weiter zu lernen."

Jede Konfrontation mit der Trennung wird wehtun. Alles, was dich daran erinnert, wird dir wie ein kalter Schauer über den Rücken laufen. Aber jeder neue Schmerz wird dabei helfen, es anzunehmen, und du wirst lernen, es zu akzeptieren. Mit jedem Mal wird es ein Stück weniger weh tun. Mit jedem Mal wirst du es besser ertragen. Du wirst lernen, damit umzugehen und darüber hinwegzusehen. Das ist ein langer Prozess und du brauchst viel Geduld mit dir. Wie soll man auch von einen auf den anderen Tag mit so einer Umstellung zurechtkommen?

Versuch dich mehr und mehr von der Beziehung zu lösen. Versuche, alles Geschehene aus einem objektiven Blickwinkel zu betrachten. Schreib dir auf, was gegen euch spricht. Nimm dir wirklich die Zeit, eure Beziehung zu reflektieren. Schreib alles runter. Es wird dich erleichtern und dir einen klareren Kopf schaffen.

Die ersten Tage sind hart. Durch meine Tagebucheinträge möchte ich dir zeigen, dass jedes Gefühl seine Berechtigung hat, dass es normal ist, sich verloren und verletzt zu fühlen. Es schmerzt unfassbar, jemanden gehen zu lassen, mit dem du dir dein Leben hättest vorstellen können. Es braucht einfach viel Zeit, das zu verstehen, aber du wirst dein Glück wiederfinden.

Vielleicht war es an der Zeit, dass ihr erst mal euren Weg ohneeinander weitergehen solltet. Vielleicht wart ihr für den jetzigen Zeitpunkt nicht füreinander bestimmt. Vielleicht hatte das Universum einen anderen Plan für euch und ganz bestimmt wirst du noch dahinterkommen, was der Plan für dich ist. Ich hoffe, du kannst irgendwann erkennen und verstehen, warum die Dinge sich so entwickelt haben und trotzdem froh über eure gemeinsame Zeit sein.

Was auch immer bei euch passiert ist, ich glaube fest daran, dass ihr tolle Erinnerungen teilen durftet, miteinander gewachsen seid und euer Leben gegenseitig bereichert habt. Alles im Leben ist eine wertvolle Erfahrung, alles bringt dich ein Stück weiter. Auch diese Trennung zeigt dir, was du in deinem Leben möchtest und was nicht. Alles passiert aus einem Grund – und auch wenn du gerade denkst, dass es keinen guten Grund gibt, so zu leiden, bin ich mir sicher, dass du diesen noch finden wirst. Irgendwann wirst du glücklich verliebt, zusammen mit einem:einer Partner:in sitzen und ihn:sie anschauen. Dein Blick voller Liebe, Geborgenheit und Zuneigung. Und während sich eure Blicke treffen, dein Herz vor Glück fast überläuft – spätestens dann weißt du, warum dieser Weg der Richtige für dich war. Warum die Dinge so geschehen mussten, damit du an diesen Punkt gelangst. Der Moment wird kommen. Ich glaube ganz fest daran und ich hoffe, du tust es auch.

du bist gegangen
all die seiten
in stücke gerissen
das buch geschlossen
unsere geschichte endete
unerwartet

DER VIERTE TAG

Aufstehen. Nicht aufgeben. Mit jedem Atemzug wiederhole ich die Worte in meinem Kopf. Ich darf nicht schwach werden. Ich darf die Fassung nicht verlieren. Ich muss da rein, schreibe meine Klausur und dann kann ich zurück nach Hause. Es ist nicht mehr lang, bald habe ich es geschafft. Bald kann ich hier wieder weg. Weit weg von allem. Morgen steige ich ins Flugzeug und ich hoffe, ich kann dich vergessen. Ich will dich vergessen. Ich will einfach wieder glücklich sein. Es kann doch nicht sein, dass all mein Glück von dir abhängt. Das will ich nicht. Ich werde diesen Tag durchstehen und morgen wird alles besser. Morgen ist ein neuer Anfang. Mein neuer Anfang. Ohne dich.

- Vier Tage nach der Trennung -

„Heute melde ich mich erst abends, weil ich früh morgens zur Uni musste. Das Aufstehen hat ganz gut geklappt. Ich habe meine Klausur geschrieben und die lief auch ganz okay. Danach habe ich etwas geschlafen und eine Serie geschaut. Gerade haben wir unsere Koffer gepackt und nun ist fast alles fertig für den Urlaub.

Es fühlt sich komisch an, dass er gar nicht mehr kommt, um sich von mir zu verabschieden. Noch komischer wird es sein, wenn ich zurückkomme und wir uns nicht wiedersehen...

Trotzdem merke ich, dass jeder Tag besser wird. Das gibt mir schon mal ein besseres Gefühl.

Generell versuche ich mich mit Zukunftsvorstellungen abzulenken. Gedanken an den Urlaub, folgende Urlaube oder das nächste Jahr, das noch voller Überraschungen

steckt. Ich frage mich immer wieder, wann ich wohl das
nächste Mal etwas von ihm hören werde. Das kann ich
überhaupt nicht einschätzen...
Ich werde jetzt den Eintrag von dem heutigen Tag been-
den. Ich will gar nicht zu viel darüber nachdenken. "

Neben der Klausur kurz nach der Trennung stand ein
paar Tage danach ein Urlaub an. Zum Glück war nicht
geplant, dass er mitkommt. Das hatte mir vermutlich einige Probleme erspart. Trotzdem schien es mir der
schlechteste Zeitpunkt für eine Reise zu sein.
Heute kann ich dir sagen, dass es keinen besseren Zeitpunkt hätte geben können. Wenn du die Möglichkeit hast,
aus deinem gewohnten Umfeld rauszukommen, ist das
der allerbeste Tipp, den ich dir geben kann. Wäre dieser
Urlaub nicht gewesen, hätte ich mit Sicherheit viel mehr
Zeit gebraucht, um mit der Trennung umzugehen. Es war
wirklich das Beste für mich, mein Zuhause zu verlassen.
Ihn zu verlassen – örtlich gesehen. Dieser Urlaub hat mir
die nötige Distanz zur Trennung verschafft. Hat mich auf
eine unbeschreibliche Reise geschickt, nicht nur in ein auf-
regendes Land, sondern vor allem zurück zu mir selbst.
Dadurch wurde mir wieder bewusst, wie unfassbar groß
und bunt unsere Welt ist. Wie viele besondere Menschen
es gibt und wie viel ich von ihnen lernen kann.
Besonders schwer war es, sich nicht vor der Reise von ihm
zu verabschieden. Zu realisieren, dass er mir nicht geschrieben hat, um mir einen guten Flug zu wünschen und
zu sagen, wie sehr er mich vermissen wird. Nichts davon
ist passiert. Aber mit jedem Tag habe ich gelernt, besser
damit umzugehen.

Ich flog also einen Tag später mit meiner Familie und meiner besten Freundin nach Jamaika. Ich hatte Angst. Angst, den Urlaub nicht genießen zu können. Meine Familie mit meinem Liebeskummer runterzuziehen und die Reise zu vermiesen. Trotzdem wusste ich, dass es mir guttun wird und ich rauskommen muss, um die Beziehung loszulassen. Dass mir die Zeit mit meinen liebsten Menschen helfen wird, ich abgelenkt sein werde und es mir danach besser gehen wird. Also versuchte ich, mit viel Optimismus und Freude in den Urlaub zu starten. Sieh selbst, was daraus geworden ist.

zuhause ist kein ort
das bist du
warst du

START DER REISE

Der ganze Optimismus, den ich zu Beginn dieser Reise mit in mein Gepäck gestopft hatte, habe ich irgendwo auf der Autofahrt zu unserem ersten Apartment verloren. Die lange Anreise hat mir so viel Zeit gegeben, an dich zu denken. Dich zu vermissen. In Erinnerungen an unsere Reise im letzten Jahr zu schwelgen. Du bist so weit weg und gerade präsenter als je zuvor. Ich sehe uns überall. Die Natur um mich herum erinnert mich an unseren ersten gemeinsamen Urlaub. An das, was wir zusammen erlebt haben, worüber wir gesprochen haben. An unvergessliche Momente, die ich für immer bei mir tragen werde, auch wenn du nicht mehr bei mir bist. Das Einzige, was mir von dir bleibt, sind die Bilder in meinem Kopf. Wie kleine Polaroids spielen sich unsere Erinnerungen vor meinem inneren Auge ab.

Momentaufnahmen von uns. Wie wir zusammen Auto fahren. Während deine linke Hand das Lenkrad hält, liegt deine rechte auf meinem Knie. Um mich bei dir zu wissen, obwohl ich neben dir sitze. Ich erinnere mich, wie wir zusammen neue Orte entdecken, endlose Strände entlanglaufen, ich deine Hand nehme, du mich an dich ziehst und ich meinen Kopf an deine Brust lege. Dein Griff, der mich noch näher an dich ran zieht und wir immer wieder sagen, dass wir zusammen eins sind. Weil wir eins waren – du warst das fehlende Teil in meinem Leben. Mit dir fühlte ich mich komplett. Mit dir war ich unbeschwert, deine Liebe mein sicherer Hafen. Ich erinnere mich an diesen warmen Nachmittag an dem leeren Strand. Wir sitzen eine Ewigkeit unter einem Pavillon, die Weite des Meeres vor uns und wir springen von einem Thema zum nächsten. Verlieren uns in den Gedanken des anderen und den Geschichten, die wir vor unserer gemeinsamen Zeit erlebt haben. Wir reden über all das, was uns beschäftigt. Wir teilen alle Gedanken und Sorgen, weil wir alles miteinander teilen wollten.

Und dann denke ich an diesen Moment, an dem wir beide so unfassbar glücklich waren, dass Worte die Unendlichkeit unserer Liebe kaum beschreiben können. Ein Moment, in dem ich davon überzeugt war, nicht mehr Gefühle für jemanden empfinden zu können. Wir sitzen zusammen im Auto und fahren auf den Parkplatz vor unserer Unterkunft. Wir kommen von einem Strandtag zurück zu unserem Zuhause und als ich meine Sachen nehmen möchte, um auszusteigen, bleibst du einen Moment länger sitzen als normalerweise. Du schaust mich an und lächelst – und nur durch die Art, wie du mich ansiehst, spüre ich deine Liebe. Ich weiß noch, wie ich in diesem Augenblick darüber nachgedacht habe, wie glücklich ich darüber bin, mit dir hier zu sein. Dass das einer der Momente ist, an dem ich zur richtigen Zeit mit dem richtigen Menschen am richtigen Ort bin. Und während ich darüber nachdenke, dass ich noch glücklicher nicht sein könnte, beweist du mir das Gegenteil: „Du weißt schon, dass ich dich irgendwann heiraten werde, oder?". Deine Worte klingen noch immer in meiner Erinnerung nach.

- Fünf Tage nach der Trennung -

„Guten Morgen. Wir waren gestern den ganzen Tag unterwegs und sind nach deutscher Zeit erst gegen 23 Uhr im Apartment gewesen. Der Tag verlief eigentlich ganz gut. Der Flug war okay. Ich habe mit meiner besten Freundin über die Trennung gesprochen und wieder *gemerkt, in wie vielen Punkten es mit ihm nicht passte. Am Abend waren die anderen drei unterwegs und ich bin zu Hause geblieben, weil ich richtig müde war. Ich habe mich in dem Moment so allein gefühlt, dass ich weinen musste. Ich wollte mit irgendjemanden reden. Dabei ist mir aufgefallen, dass ich nur ihm schreiben wollte. Ich habe wieder viel an ihn gedacht und ihn vermisst. Auch schon den Tag über, als wir durch Jamaika gefahren sind, hat es mich oft an den Urlaub mit ihm erinnert.*

Ich mache mir etwas Sorgen, dass es mir hier immer wieder nicht gut gehen wird und dabei möchte ich den anderen keine schlechte Laune machen. Ich fühle mich noch nicht richtig wohl und weiß nicht, was noch alles auf mich zukommt.

Ich merke auf jeden Fall, dass es guttut zu schreiben. Wenn ich mir alle meine Gedanken von der Seele schreibe, ist es so, als wären sie aus meinem Kopf raus. Mal schauen, was der Tag heute noch mit sich bringt. Ich muss auf jeden Fall positiv denken und mich davon ablenken. Ich weiß zum Glück, dass jeder Tag wieder ein Stück besser wird und das gibt mir Mut."

Der Anfang war unfassbar schwer. Ich habe nicht erwartet, dass ich so weit reise und mich ein neuer Ort trotzdem an ihn erinnert. Es war, als wäre er überall. Er war doch so weit von mir entfernt und trotzdem hatte ich das Gefühl, er wäre mit dabei. Und das ist normal. Du kannst vor Dingen davonlaufen, verreisen und in neue Welten eintauchen, aber irgendwann werden dich deine Gefühle einholen. Eine Reise ist eine wahnsinnig große Hilfe, ein Neuanfang, eine neue Chance. Aber sie ist nicht die sofortige

Lösung. Sie schafft nur Raum und Distanz, dich zu ordnen und zu finden. Du darfst dich nicht überfordern und musst dich nicht jeden Tag zwingen, strahlend durch die Gegend zu laufen. Wenn du dich danach fühlst zu weinen, fühlst du dich eben danach und dann darfst du das auch zulassen. Neben diesen emotionalen Momenten gibt dir eine Reise aber auch die Chance, neue Erinnerungen zu schaffen. Den frei gewordenen Platz zu nutzen und mit Leben zu füllen. Neue Abenteuer zu erleben, dich abzulenken, fremde Menschen kennenzulernen und deinen eigenen Horizont zu erweitern.

Ich habe angefangen, mich an die neue Situation zu gewöhnen. Habe mich nicht zu sehr unter Druck gesetzt und mit meiner Familie darüber gesprochen, wie ich mich fühle. Alle waren verständnisvoll, haben mir zugehört und versucht, für mich da zu sein. Wir verbrachten viele Tage am Strand. Mieteten uns ein Auto und reisten in den folgenden zwei Wochen um die Insel. Ich habe in dieser Zeit so viel gesehen und erlebt. Diese Reise hat mir wieder die Luft zum Atmen gegeben. Hat mir geholfen, die Welt wieder zu erkennen und nicht in meinem Liebeskummer zu versinken.

Wenn du die Möglichkeit hast, irgendwohin zu fahren, dann tu es! Es wird dich in deinem Prozess so sehr unterstützen. Natürlich muss es nicht gleich eine Reise ans andere Ende der Welt sein. Es wird dir auch guttun, ein Wochenende woanders zu verbringen. Einfach um deinen Alltag zu verlassen und dir selbst vor Augen zu führen, wie viel es noch außerhalb deiner vier Wände gibt und schöne Erlebnisse nicht ausschließlich an deine vergangene Beziehung gebunden sind. Gibt es jemanden in deinem

Freundeskreis, den du mal wieder besuchen möchtest? Eine Stadt, die du schon ewig sehen wolltest? Oder kannst du dir länger freinehmen und ans Meer reisen? Es hängt ganz davon ab, was dir Spaß macht, was gerade für dich möglich ist und wo du gerne deine Zeit verbringst.

Ich bin ein absoluter Sommermensch. Ich liebe die Sonne und vor allem das Meer. Ich kann ewig am Strand liegen und den Wellen zuhören. Das hat mich schon immer so sehr entspannt, dass mir in meiner Trennungsphase nichts Besseres hätte passieren können, als mit meinen liebsten Menschen ans Meer zu reisen. Unser Urlaub war lange vor der Trennung gebucht und vermutlich hätte ich in diesen ersten Tagen nicht den Mut aufgebracht, eine Reise anzutreten. Das fühlte sich auch erst mal mehr als falsch an, weil ich mich eigentlich zu gar nichts in der Stimmung fühlte. Aber wenn du eine Person in deinem Umfeld hast, die spontan und reiselustig ist, dann nutzt die Chance und verreist zusammen.

Oder du wagst dich allein an dieses Abenteuer. Wenn du den Mut dazu aufbringen kannst und dich für so eine Erfahrung bereit fühlst, dann kann ich dir wärmstens dazu raten. Natürlich ist allein Reisen in so einer Situation nicht für jeden etwas. Wenn das für dich keine Option ist, möchte ich dich damit auf keinen Fall unter Druck setzen oder vor eine Herausforderung stellen, die gerade nicht in deinen Leben passt.

Solltest du dich dazu entscheiden, allein eine Reise anzutreten, kann ich dir versichern, dass du über dich hinauswachsen und verändert zurückkommen wirst. Allein zu reisen ist eine Überwindung. Es macht Angst, verunsichert und bringt dich in unbequeme Situationen.

Bestimmt fragst du dich, warum ich dir dazu rate, allein irgendwohin zu reisen, ohne zu wissen, wer oder was dich dort erwartet. Aus einem einfachen Grund: Die Welt ist dein Zuhause. Rauszukommen, in neue Kulturen einzutauchen und sich in fremden Geschichten zu verlieren ist so bereichernd. Von jeder Reise nimmst du mehr mit, als du mitgebracht hast. Einen vollen Rucksack, gefüllt mit neuen Eindrücken und fremden Lebenswelten – und das Beste davon, was dir unterwegs über den Weg gelaufen ist, findet einen Platz in deinem alten Zuhause. Und es verändert dich. Dein Leben, deine Sichtweisen. Du veränderst das, was vorher so unveränderlich schien. Auf jeder Reise erfahre ich Neues über mich, finde die Lebendigkeit wieder, die manchmal im Alltag verschwindet. Und in der Situation, in der du gerade steckst, in der du nicht weißt, wo du hinwillst und hingehörst, findest du deinen Platz leichter, wenn von außen Licht drauf geworfen wird. Und meine Reise nach Jamaika war mein Licht. Das Licht, das ich brauchte, um meinen Weg zu finden.

Es liegt nur in deiner Hand, was du mit deiner Zeit machst und wie du sie verbringst. Natürlich kannst du die Tage allein in deiner Unterkunft verbringen und darauf warten, dass du wieder zurück nach Hause kannst. Oder du lässt dich ein auf dieses neue Abenteuer, erlebst eine besondere Zeit, lernst neue Menschen kennen, lässt dich von neuen Eindrücken inspirieren und stellst dich der schwierigsten Aufgabe: Zeit allein zu genießen. Zum Thema allein Reisen komme ich an späterer Stelle noch mal im Detail zurück.

Um zur Essenz dieses Ratschlags zu kommen: Es ist wichtig, dass du erkennst, wie viel mehr das Leben zu bieten hat. Ob du das innerhalb einer Reise erkennst oder zu Hause bleibst und durch neue Aktivitäten und Erlebnisse dein Leben neugestaltest, ist letztlich zweitrangig. Wichtig ist nur, dass du aktiv wirst.

Wenn du nicht verreisen möchtest oder kannst, dann gibt es auch andere Wege, Abwechslung in deinen Alltag zu bringen. Schaff dir neue Routinen! Was wolltest du schon immer mal angehen? Hast du dir schon lange vorgenommen, etwas Neues lernen? Was hat dir immer schon Spaß gemacht? Was ist in der letzten Zeit zu kurz gekommen?

Im Moment ist es wichtig, dich um dich selbst zu kümmern. Setze dir Ziele und überlege, wie du diese neuen Aktivitäten am besten in deinen Alltag einbauen kannst. Ich mache das nach wie vor gerne, wenn ich das Gefühl habe, dass ich selbst wieder etwas zu kurz gekommen bin. Ich schreibe alles auf, wofür ich mir gerne Zeit nehmen würde, was ich an mir verändern möchte, was ich mir aneignen und erreichen will. Lange Zeit wollte ich unbedingt mit Yoga anfangen. Ich fand es beeindruckt, wie beweglich und flexibel andere Leute dadurch geworden sind und wie gelassen, ruhig und ausgeglichen sie auf mich wirken. Also nahm ich mir vor, 30 Tage lang jeden Tag Yoga zu machen. Ich hatte mal gelesen, dass eine neue Aktivität, die man 30 Tage lang umsetzt, nach dieser Zeit zu einer neuen Gewohnheit werden kann. Nach diesen intensiven 30 Tagen, die ich täglich auf meiner Yogamatte verbracht habe, kann ich mir Yoga nicht mehr aus meinem Alltag wegdenken. Ich kann nur betonen, wie wertvoll die Zeit gerade ist, die du durchlebst. Eine Beziehung kann wunderschön und bereichernd sein, aber sie ist auch sehr zeitintensiv und erfordert viel Arbeit. Diese ganze Zeit kannst du jetzt voll und ganz in deine eigene Entwicklung stecken. Du kannst alleine entscheiden, was du machen möchtest und was nicht. Also fang an – greif dir Zettel und Stift, schreib auf, was du gerne machst, lernen willst oder als neue Gewohnheit in deinen Alltag integrieren möchtest und werde aktiv!

Falls es dir an Inspiration fehlt, gebe ich dir gerne ein paar Ideen weiter, die mir geholfen haben, wieder mehr zu mir selbst zu finden und mich nachhaltig inspiriert haben.

Sport: Sport war lange Zeit keine meiner liebsten Beschäftigungen. Ich habe mich früher immer nur für Sport motivieren können, wenn ich etwas an meiner Figur auszusetzen hatte. Sport war für mich nur Mittel zum Zweck. Ich wollte abnehmen, um in ein Schönheitsideal passen, ohne zu verstehen, dass es beim Sport vor allem um Ausgleich und Balance geht. Daher habe ich nie versucht, einen Sport für mich zu finden, um daran Spaß zu haben. Ich habe mich andauernd durch Workouts gequält, die nicht zu meinem Trainingslevel passten und bin immer wieder gescheitert.

Heute weiß ich, dass das der falsche Weg ist. Ich weiß, wie wichtig Sport für mich und meine Gesundheit ist. Wie viel Selbstbewusstsein und Stärke ich durch Sport entwickeln kann und wie gut es mir tut, mich auszupowern. Dafür ist es wichtig, dass du einen Sport findest, der nicht jedes Mal aufs Neue eine Qual für dich ist. Anfangs bin ich mit

Joggen gestartet. Wenn ich aus der Haustür gegangen und einfach losgelaufen bin, konnte ich mich von meinen Gedanken frei machen. Es war, als hätte ich meine Gedanken zu Hause eingeschlossen und mich mit jedem weiteren Schritt davon entfernt. Ab und zu habe ich auch Home-Workouts gemacht. Habe viel recherchiert, welches Training zu mir und meinem Körper passt und auch diesen Sport mittlerweile lieben gelernt. Es tat gut, mich auf etwas anderes zu konzentrieren, um nicht verrückt zu werden, wenn mich meine Gedanken an ihn mal wieder vollkommen eingenommen hatten. Probier dich einfach mal durch. Es gibt so viele verschiedene Möglichkeiten, Bewegung in deinen Alltag zu bringen. Du wirst bestimmt etwas finden, das dir Spaß macht.

Tanzen: Ich liebe es zu tanzen. Manchmal mache ich mir zu Hause Musik an und tanze einfach für mich. Tanze das raus, was sich in mir angestaut hat. Und während ich mich dann zu der Musik bewege, bin ich für einen Moment frei von den Sorgen, die ich in mir trage. Ich bin sowieso ein absoluter Musikmensch – kann mich in den Songzeilen wiederfinden und im Rhythmus verlieren. Musik und Tanzen hat etwas total Meditatives für mich. Es ist, als würden meine Gedanken beim Tanzen ihren Takt wiederfinden. Tanzen bedeutet für mich loslassen, mich der Gegenwart hinzugeben und in den Moment fallen zu lassen. Falls du nicht direkt mit Sport in Form von Workouts anfangen willst, ist Tanzen eine meiner liebsten Möglichkeiten, mich im Alltag zu bewegen.

Yoga: Meine liebste Beschäftigung, um Balance in meinen Alltag zu bringen, meine Konzentration zu stärken und etwas Gutes für mich zu tun. Ich habe das Gefühl, mit Yoga immer wieder zu mir zurückfinden, wenn ich innerlich unruhig bin. Mir ist bewusst, dass Yoga nicht für jeden etwas ist, aber ich kann es dir nur empfehlen, es einfach mal auszuprobieren. Nimm dir genügend Zeit, um dich darauf einzulassen und dem Ganzen eine echte Chance zu geben.

Ich kann dir nur aus eigener Erfahrung sagen, dass ich mir Yoga nach diesen 30 Tagen wirklich nicht mehr aus meinem Alltag wegdenken kann. Ich wünschte, ich hätte Yoga schon während der Trennungsphase für mich entdeckt. Mittlerweile ist Yoga für mich die Sofortlösung, wenn mich etwas stresst, bedrückt oder ich mich unausgeglichen fühle. Und ich hoffe, dass die Zeit auf deiner Yogamatte auch für dich eine Hilfe sein kann, wenn dich der Liebeskummer wieder in seiner vollen Wucht einnimmt.

Lesen: Auch das stand schon lange auf meiner Möchte-ich-unbedingt-öfter-machen-Liste. Lange habe ich mich davor gedrückt, indem ich mir eingeredet habe, ich hätte nicht die Zeit dafür. Stimmt – weil ich sie mir früher nie genommen habe. Lesen hat mir sehr geholfen, mich in andere Realitäten zu begeben, dabei neue Geschichten zu hören und verschiedene Perspektiven einzunehmen. Für mich war es die perfekte Beschäftigung, um dem Herzschmerz zu entkommen.

Ich bin fest davon überzeugt, dass es für jeden Lesetypen die passenden Bücher und Genres gibt. Angefangen habe ich damit, Romane zu lesen. Das war perfekt in dieser Zeit.

Die Stunden mit einem guten Buch in der Hand haben mir den Raum und die Zeit gegeben, um von meinen Gedanken abzuschalten. Mich auf etwas zu konzentrieren, dass mich nicht sofort zum Weinen brachte oder an die Trennung erinnerte. Mit der Zeit habe ich angefangen, auch Sachbücher zu lesen. Dadurch hat sich mir eine Welt voller neuen Möglichkeiten und Wissen geöffnet. Ich kann dir nur empfehlen, Bücher als Chance zu sehen, die Welt aus einem anderen Blickwinkel zu betrachten.

Nicht anders ist es auch mit diesem Buch. Ich war so inspiriert davon, wie sehr mir andere Geschichten helfen konnten, sodass ich mich dafür entschied, meine eigene auf Papier zu bringen. Und ich hoffe sehr, dass ich dich mit meinen Zeilen erreiche, meine Worte dich umarmen und dir viel Zuversicht und Mut für deinen Weg geben.

Spazieren gehen: Mit der richtigen Musik auf meinen Ohren, ein bisschen Wind um meine Nase und Sonnenstrahlen in meinem Gesicht, ist Spaziergehen wie eine kurze Therapie für mich. Jedes Mal aufs Neue merke ich, wie gut es mir tut, an die frische Luft zu gehen. Eine kurze Pause von meinem Alltag, ein bisschen frischer Wind und viel Ruhe, um meinen Kopf freizukriegen. Ist vermutlich kein Geheimtipp, aber manchmal braucht es eine kurze Erinnerung und ich hoffe, ich kann dich dazu inspirieren, Spaziergänge in deinen Alltag einzubauen. Du wirst dich ganz bestimmt danach besser fühlen.

Kreativ werden: Dich kreativ auszuleben, kann dir zum einen helfen, deinen Emotionen Ausdruck zu verleihen und zum anderen deine Konzentration auf andere Dinge zu lenken. Es gibt unfassbar viele Möglichkeiten, wie du kreativ werden kannst: Sei es Malen, Basteln, Zeichnen, Fotografieren, Handwerkeln oder Schreiben. Ich habe angefangen, Makramees zu machen und zu malen. Hierbei geht es gar nicht darum, ein faszinierendes Kunstwerk zustande zu bringen. Mir helfen kreative Prozesse dabei, meinen Fokus auf eine andere Aktivität zu richten und mich für einen Moment abzulenken. Vielleicht ist Kunst auch für dich ein Weg, dich nicht in der Trauer zu verlieren und kann dir dabei helfen, die Vielseitigkeit deiner Möglichkeiten auf einer anderen Ebene wiederzuentdecken. Probier dich einfach mal aus, lass dich drauf ein und vielleicht entdeckst du auch ein bisher unbekanntes Talent.

Schreiben: Eine Sache, für die ich im Nachhinein besonders dankbar bin, ist, dass ich meine Liebe zum Schreiben wiederentdeckt habe. Nachdem wir uns getrennt hatten, habe ich noch am gleichen Abend angefangen zu schreiben.

Ich habe es mir zum Ritual gemacht, mir immer wieder Zeit zu nehmen, mich mit meiner liebsten Musik hinzusetzen und drauf los zu schreiben. Bis heute schreibe ich regelmäßig Tagebuch und es hilft mir so sehr dabei, mich zu reflektieren und selbst besser zu verstehen.

Oft weiß ich zu Beginn noch nicht, wohin mich der neue Eintrag führt. Aber sobald ich mich darauf konzentriere und meine Gedanken fließen lasse, kann ich die Kontrolle abgeben. Kann schreiben, was mir auf der Seele brennt und verstehen, warum ich mich so fühle.

Für mich war das Schreiben nach der Trennung wirklich der beste Weg, um mit meinen Gefühlen umzugehen. Bis heute hilft es mir dabei, meinen Kopf zu befreien, wenn ich Worte aneinanderreihe und sie vor mir ausbreite. Wie eine zerknitterte Decke schüttele ich meine Gedanken auf, lege sie liebevoll zusammen und streiche meine Zweifel wieder glatt.

Ich kann mir das Schreiben nicht mehr aus meinem Leben wegdenken und kann dir nur raten, dir auch einen eigenen Ort für deine Gedanken zu suchen.

Weiterbilden: Was möchtest du schon lange lernen? Eine neue Sprache? Oder kannst du dich beruflich weiterbilden? Was steht schon lange auf deiner To-Do-Liste? Jetzt ist die beste Chance, deinem Vorhaben nachzugehen.

Ich habe mir damals eine Liste geschrieben mit all den Dingen, die ich gerne lernen möchte. Es gibt so viele Möglichkeiten, sich von zu Hause aus weiterzubilden. Angefangen habe ich damit, mich in Online Kurse einzuschreiben. Nach und nach habe ich immer mehr Themen gefunden, über die ich etwas lernen möchte. Ich habe mir Sachbücher gekauft und mich in dem neuen Wissen verloren. Nach meiner Trennung habe ich mich mit vielen verschiedenen Themen beschäftigt, sodass ich mittlerweile auf Vieles ganz anders blicke. Vor allem in einer Zeit, in der ich nicht wusste, was ich selbst für mein Leben will, war neuer Input von außen so hilfreich, um mich inspirieren zu lassen und meinen Weg zu finden.

Meine neuen Routinen haben mir geholfen, mich auf andere Dinge zu konzentrieren und die Vielfalt meiner Möglichkeiten zu erkennen. Insbesondere, wenn du nicht verreisen kannst/möchtest, kann es dir helfen, mit neuen Hobbies deinen Alltag zu verändern.

Wenn du dich für eine Reise entscheidest, dann habe ich noch folgende Tipps für dich: Überfordere dich nicht und genieße es! Erkunde den neuen Ort, geh raus und nimm bewusst war: Schau dir Sehenswürdigkeiten an, setz dich in Cafés und beobachte das lebendige Treiben der Menschen. Entspann dich in der Natur, probiere neue Gerichte, tauch ein in eine neue Kultur. Schaff dir besondere Erfahrungen, sprich mit fremden Leuten, nimm neue Eindrücke auf und fang an, deine Zeit wieder zu genießen. Erinnere dich daran, wie privilegiert du bist, hier zu sein, so viele Dinge erleben und selbstbestimmt deine Entscheidungen treffen zu können. Saug diese Dankbarkeit auf und überschatte deine negativen Gefühle.

Diese Beziehung war nicht dein einziger Lebensinhalt. Das hier ist dein Leben: Das Hier und Jetzt. Versuch, das Beste rauszuholen, aber nimm dir auch gezielt Zeit zum Nachdenken und Reflektieren. Fühle alle Gefühle, die hochkommen, lass deine Trauer zu, aber verschließ dich nicht vor positiven Gefühlen und genieße. Denn das Leben ist schön. Und du wirst dich wieder daran erinnern. Für mich war die Reise die Erinnerung daran und ich bin bis heute so dankbar dafür.

Wenn du an dieser Stelle so weit bist, rate ich dir, auch wieder rauszugehen. Dich mit deinen Freunden zu treffen und etwas zu unternehmen. Nimm dir eine warme Dusche, mach dich frisch, zieh dir dein liebstes Outfit an. Versuch dich im Spiegel einmal anzulächeln. Ich weiß, dass es noch weh tut, dass sich dein Innerstes noch verkriechen möchte, aber Ablenkung wird dir helfen, besser mit der Trennung klarzukommen.

Wenn du allerdings noch etwas Zeit brauchst und dein Bett nicht verlassen möchtest, dann nimm dir die Zeit. Mir hat es damals geholfen, eine gute Balance zwischen Zeit für mich und Unternehmungen mit Freunden zu finden. Diese Phase ist dafür da, sich an die neuen Umstände zu gewöhnen und die Situation zu akzeptieren. Gib dir so viel Ruhe, wie du brauchst und lass dich darauf ein zu heilen.

in vorfreude auf morgen
in mein bett gekuschelt
die decke über mich gezogen
und in den nächsten tag geträumt

EIN GUTER TAG

*Mit jedem Tag in dieser anderen Welt tut es weniger weh.
Mit jeder neuen Erfahrung, die ich erleben und jedem neuen
Ort, den ich sehen darf, finde ich etwas zu mir zurück. Ich
lerne, unsere Beziehung aus anderen Perspektiven zu betrachten. Versuche, nicht mehr im Schmerz zu versinken,
sondern aufzutauchen. Seit ich hier bin, fühl ich mich leichter: Die Distanz zwischen uns lässt mein Herz aufatmen.
Mache mir bewusst, was wirklich zählt: Meine Familie ist
gesund, ich bin gesund, die Welt ist unfassbar groß und es
gibt so viel zu sehen. Ich lerne, was es heißt, Gefühle zuzulassen: Meine Tage sind geprägt von vielen Emotionen, positiv wie negativ. Ich spüre tiefe Trauer, Sehnsucht, Schmerz
und einen Liebeskummer, den ich mir nicht schlimmer hätte
ausmalen können. Aber in manchen Momenten habe ich
auch Hoffnung: Wenn ich in der Hängematte liege, den Vö-
geln zuhöre und mich auf dieses wunderbare Geschenk
dieser Reise besinne. Wenn ich mit meinem Bruder und
meiner besten Freundin zusammen lache, mein Bauch vor
Krümmung schmerzt und die Freude über unsere gemeinsame Zeit in den Augen meiner Mama aufleuchtet. Wenn
ich von Dankbarkeit überschüttet werde, Zeit mit meinen
Herzensmenschen zu verbringen – dann weiß ich, dass es
sich lohnt. Dass der Schmerz eine Phase ist, dass es wieder
besser wird und irgendwann die guten Momente die Überhand gewinnen werden. Ich weiß, wie viel Gutes dieses Leben für mich bereithält. Ich weiß, dass mein Leben weitergeht. Vielleicht gerade so richtig anfängt. Ich weiß, dass du
nicht das Ende, sondern mein Anfang bist. Ich muss es nur
zulassen.*

ich zerbreche unter dir
auch wenn du nicht da bist
lastet der gedanke an dich
wie ein schwerer stein
auf meinen herzen
nimmt mir die luft zum atmen
betäubt meine sinne
kann die welt nicht wahrnehmen
weil meine eigene gebrochen ist

EIN SCHLECHTER TAG

Dieser Ort, der für alle Reisenden ein absolutes Highlight ist, ist für mich ein tiefes Loch. Je höher wir in die Berge fahren, desto tiefer versinke ich. Erst in meinem Roman, in dem ich versuche, mich zu flüchten – mich vor dir zu verstecken. Und dann in meinem Zimmer. Das dunkle Holz an den Wänden, die absolute Ruhe und mittendrin ich. Meine Sehnsucht nach dir unbeschreiblich. Hier in den Bergen ist es so still – und ich kann meine Gedanken einfach nicht mehr ignorieren. Bin irgendwo dazwischen: Es zu verstehen und es nicht akzeptieren zu wollen. Ich will dir schreiben. Ich möchte von dir hören. Nur du kannst Ruhe in meinen Gedanken bringen. Ich bin gefangen in meinem eigenen Kreislauf – ich will da raus, aber ich weiß nicht wie. Sobald ich rausgehe, mich versuche abzulenken, kommen mir die Tränen. Ich kann mich kaum zusammenreißen. Es ist, als würden die Berge einen dunklen Schatten auf mich werfen, dem ich nicht entkommen kann. Und doch versuche ich dagegen anzukämpfen. Versuche wegzulaufen und loszulassen. Bin so durcheinander, dass ich nichts mehr von außen wahrnehmen kann. So sehr ich es auch versuche, es fühlt sich so an, als würde meine gesamte Trauer der letzten Woche mit einem Mal auf mich einprasseln und ich darunter zusammenbrechen. Ich wünschte, du wärst hier.

wie ich es auch wende
erklärungen suche
finde ich keine
für *deine*

VERARBEITEN

Es gibt Tage, da wache ich auf und frage mich, was passiert ist, dass wir uns so voneinander entfernen konnten. Was habe ich falsch gemacht? Lag es an mir? Was konnte ich dir nicht geben?

Fragen, auf die ich keine Antwort finde. Ich wünschte, in deinen Kopf schauen zu können, deine wirklichen Gedanken zu hören, dein Denken zu verstehen. Ich möchte verstehen, warum du dich so entschieden hast – warum du dich gegen uns entschieden hast. Und gegen mich. Einerseits kenne ich deine Antwort, andererseits verstehe ich sie nicht. Vielleicht will ich sie auch einfach nicht verstehen. Frage mich, ob ich jemals die Tatsache akzeptieren kann, ohne dich zu sein. Funktioniere ich überhaupt ohne dich?

Dann gibt es Tage, da fühle ich mich schon so viel besser. Ich fühle mich nicht komplett, aber ich merke, dass ich anfange zu heilen. Ich lasse mich darauf ein, Momente zu genießen. Die Zeit nicht vorspulen zu wollen, sondern bewusst da zu sein. Habe das Gefühl, ich kann mich dem Lachen hingeben, Freude aufsagen, Glück empfinden – bin endlich auf einem guten Weg und glaube, dich langsam hinter mir zu lassen.

Aber dann ist da noch die Angst. Die Angst, dir auf einmal über den Weg zu laufen und zu wissen, dass vom einen auf den anderen Moment meine Schutzmauer, die ich mir so mühsam in den letzten Wochen aufgebaut habe, sofort einfallen würde. Ein Blick in dein Gesicht würde alles zum Einbruch bringen – ich würde mich sofort in dir verlieren und würde wieder ganz am Anfang stehen. Es liegt nicht in meiner Hand, ob wir uns sehen und egal, wo ich bin, die Angst bleibt. Weil ich meine Gefühle noch nicht kontrollieren kann – denn meine Gefühle liegen noch immer in deinen Händen.

Als wir dann aus unserem Urlaub zurückgekommen sind, in dem ich so viele neue Erfahrungen machen durfte, fiel es mir plötzlich viel leichter, positiv und gestärkt in meine Zukunft zu sehen. Ich gab mir viel Zeit und Ruhe, Gefühle zuzulassen und uns zu reflektieren und fing an, wieder Freude zu empfinden. Mittlerweile war die Trennung etwas mehr als einen Monat her und ich befand mich auf einem guten Weg. Ich versuchte mich viel abzulenken und auf neue Dinge einzulassen, Neues zu probieren.

Also stand nach etwa eineinhalb Monaten nach der Trennung ein Festival an. Es war Sommer und ich fuhr mit meinen vier besten Freunden zu einem Festival über mehrere Tage. Ich weiß noch gut, wie mich meine Freunde überreden mussten mitzukommen. Zu groß war meine Angst, dass der ganze Stress, den ich dadurch mit meinem Studium hätte, mich in meiner labilen Situation überfordern könnte. Ich hatte Angst vor dem sozialen Druck, den ich mir vor allem selbst machte. Vier Tage unterwegs, an denen ich von mir verlangte, funktionieren zu müssen. Hatte Angst, die Zeit nicht genießen zu können. Dabei wusste ich doch aus dem vergangenen Urlaub, wie gut es mir tun wird, rauszukommen und wie viel ich daraus mitnehmen kann. Ich hatte doch gerade gelernt, wie sehr eine Auszeit mich stärkt und in meinem Prozess unterstützt. Also ließ ich mich darauf ein.

Es waren mit die schönsten Tage in diesem Jahr. Eine Zeit mit meinen besten Freunden, die ich voll und ganz genießen konnte. Ich hatte das Gefühl, wieder ich selbst und in der Gegenwart angekommen zu sein. Es war, als wäre ich aus diesem Albtraum aufgewacht. Ich war endlich raus aus dieser Spirale in meinem Kopf, die sich wieder und wieder nur um ihn drehte. In diesen Tagen drehte sie sich nicht mehr. Sie ist stehen geblieben.

Ich hatte das Gefühl, ihn endlich loslassen zu können. Es tat noch weh an ihn zu denken, aber es war eher eine schmerzlich schöne Erinnerung, die sich endlich nicht mehr andauernd in mein Bewusstsein zwang. Ich nahm ihn als meine Vergangenheit an, aber lebte wieder in der Gegenwart. Es waren die ersten Tage nach der Trennung, an denen ich voller Freude sagen konnte, dass ich wahrhaftig Glück empfinden kann – ehrliches Glück verbunden mit tiefer Liebe für die besonderen Menschen in meinem Leben. Alles um mich herum war zu diesem Zeitpunkt perfekt: Das Wetter, der See, das Schwimmen gehen am Morgen, das gemeinsame Frühstück, das Aufwachen im Zelt, die lustigen Gespräche bis tief in die Nacht, das Stolpern über Zeltseile, das Rauschen des Windes beim Einschlafen, die laute Musik unserer Nachbarn, die pure Gelassenheit aller Festivalteilnehmer:innen, die ausgelassene Stimmung bei den Konzerten, die vollen Wiesen, der erste Kaffee am Morgen, die Nudeln mit Pesto, der positive Vibe, das lebendige Tanzen, ehrliche Umarmungen, das Lachen in den Gesichtern und endlich wieder das Glitzern in meinen Augen.

Zurück Zuhause. Nachdem ich über meinen Bildschirm gebeugt saß und diese Momente auf meinen Fotos betrachtete, fühlte ich mich endlich nicht mehr leer. Da waren jetzt neue Erinnerungen, die mein Leben bereicherten. Ich bestand nicht mehr bloß aus Trauer und Gedanken an eine verlorene Beziehung. Die Zeit im Urlaub und beim Festival mit meinen besten Freunden haben so viele neue Erinnerungen geschaffen, dass die Gedanken an unsere Beziehung in den Hintergrund rückten. Ich wusste wieder, dass ich auch ohne unsere Beziehung meine Zeit genießen kann, dass ich Momente voller Liebe und Glück empfinden kann.

Genau aus diesen Gründen möchte ich dich ermutigen, dich für neue Erlebnisse zu öffnen. Auch wenn es sich erst unmöglich anfühlt, du überfordert bist oder gerade nicht weißt, wie du dein Lachen wiederfinden kannst, kann ich dir nur aus eigener Erfahrung sagen, dass es wieder besser werden wird. Zu diesem Zeitpunkt war ich auf dem besten Weg, meine Beziehung zu mir wiederherzustellen – oder eher mich richtig zu finden. Hatte in den letzten eineinhalb Monaten bereits so viele neue Erfahrungen gemacht, dass ich zuversichtlich und positiv auf meinen weiteren Weg schauen konnte – ich war mir sicher, jetzt wird wirklich alles besser.

Und dann?

es ist beunruhigend
wie unruhig
ich mich fühle
wenn ich an dich denke
und du wieder teilnimmst
obwohl du lange *kein teil* mehr bist

EINE NACHRICHT VON DIR

Der Moment, in dem ich deinen Namen auf meinem Display sehe, fühlt sich so unwirklich an. Passiert das gerade wirklich? Ist das die Situation, die ich mir so oft erhofft hatte? Bist du es wirklich? Oder traue ich mir gerade selber nicht mehr? Ich kann nicht einordnen, wie ich mich fühle – wie ich mich überhaupt fühlen will. Und irgendwie kommt ein Gefühl von Wut: Warum jetzt? Warum meldest du dich jetzt? Nachdem du mich in meinem größten Schmerz allein gelassen hast. Was bringt dich dazu, mir jetzt zu schreiben? Was hast du mir zu sagen? Habe ich dir etwas zu sagen? Ein Gedankenkarussell beginnt, ich steig ein – mein Herz fängt an zu pochen, die Spirale dreht sich wieder. Ich bin wieder drin – kann nicht glauben, wie schnell ich zurückfalle. Kann nicht glauben, dass du dich wirklich meldest und noch weniger, was du mir zu sagen hast.

– Sieben Wochen nach der Trennung –

„Wow, ist viel Zeit vergangen. Lange habe ich hier nicht mehr reingeschrieben, wie es mir geht. Gerade fühle ich mich danach, meine Gedanken mal wieder aufzuschreiben. Es ist so viel passiert! Der Urlaub verlief noch echt gut, klar hatte ich ab und zu traurige Phasen, aber im Großen und Ganzen hatte ich eine schöne Zeit und viel Ablenkung. Zurück in Deutschland war ich wieder etwas traurig. Ich hatte Angst, ihn zu sehen, und gleichzeitig war es komisch, ihn nicht wiederzusehen.
Am Wochenende war das Festival. Das waren die ersten Tage, wo ich das Gefühl hatte, mittlerweile echt gut mit der Situation umgehen zu können und wieder glücklich zu

sein. Ich hatte so viel Spaß, habe so viel getanzt und ge-
lacht. Das waren mit die schönsten Tage dieses Jahr.
Dann, am Montag, sind wir zurückgekommen und wer
meldet sich? Er. Genau dann, als es mir wieder gut ging
und ich im Leben nicht damit gerechnet habe. Er wollte
sich mit mir treffen, um mit mir zu sprechen. Na gut,
dachte ich, ich war sowieso so neugierig, dass ich nicht
hätte Nein sagen können."

Natürlich passiert es genau dann, wenn man es am we-
nigsten erwartet. Und so auch dieses Mal: Ich war zurück
von den schönsten Tagen seit Langem und kaum war ich
daheim, erreichte mich seine Nachricht. Seinen Namen
auf meinem Bildschirm zu sehen, war wie ein Schauer, der
meinen Körper durchläuft. Ich war wie erstarrt. Die Zeilen,
die er mir schrieb – auf direkten Weg zurück in mein Herz.
Er wollte mit mir sprechen und obwohl ich wusste, was es
bedeuten konnte, hatte ich keine Ahnung, was ich wirklich
zu erwarten hatte.

Für mich ist es schon immer wichtig gewesen, mit Menschen nicht im Streit auseinanderzugehen und ein friedliches Ende zu finden. Ich kann Menschen nicht im Streit
verlassen oder Dinge unausgesprochen stehen lassen. Jemand, der mir so nahestand, liegt mir auch nach dem
Ende einer Beziehung am Herzen. Deshalb wünsche ich
mir immer, mit einem positiven Gefühl aus einer Beziehung rauszugehen, um einander nicht mit negativen Gedanken zu belasten. Und das kann ich nur, wenn alle Fragen geklärt und alle Gedanken ausgesprochen sind –
dann kann ich jemanden wirklich loslassen.

Ich weiß nicht, wie du gestrickt bist, wie du mit so einer Situation umgehst und ob es dir wichtig ist, mit allen Menschen im Frieden zu sein. Ich kann dir nur sagen, dass es meine Sicht auf Streitereien und Beziehungen komplett verändert hat. Seit mir bewusst ist, dass es mir damit besser geht, wenn ich negativen Gefühlen keinen Platz in meinem Leben gebe, habe ich immer den Anspruch, mich von Menschen im Guten zu trennen. Das heißt nicht, dass du mit dir alles machen lassen und unehrliches Verhalten tolerieren solltest. Aber jemandem etwas zu verzeihen und negative Gefühle loszulassen, kann dir dabei helfen, deinen eigenen Frieden zu finden.

Was auch immer in eurer Beziehung vorgefallen ist, ich wünsche mir für dich, dass du dir über deine Gefühle dazu bewusst wirst und dich aktiv damit beschäftigst.

Ich glaube, manchmal ist man so sehr in seiner eigenen Lebensrealität gefangen, dass es keinen Platz dafür gibt, sich in andere Menschen hineinzufühlen. Und genau so entstehen Auseinandersetzungen.

Du siehst einen Menschen erst mal nur oberflächlich, aber du siehst nie direkt die ganze Geschichte dahinter. Da ist noch so viel mehr als eine Meinung, die du nicht teilst.

Jeder von uns trägt seine individuelle Brille. Diese Brille hat sich geformt durch Erfahrungen in der Kindheit, den Einfluss des Umfelds und Erlebnisse, die uns widerfahren sind. Und diese Brille entscheidet, wie wir auf bestimmte Dinge blicken. Die Brille ist dafür verantwortlich, wie wir Geschehnisse für uns interpretieren. Je nachdem wie unsere Brille also ein Ereignis deutet, reagieren wir in bestimmten Situationen auf unsere ganz eigene Art und

Weise. Diese Reaktion ist in unserer eigenen Welt unsere Wahrheit – eine Überzeugung, zu der uns unser bisheriges Leben geführt hat. Und natürlich haben wir unterschiedliche Dinge erlebt und können daher auch nicht in allen Dingen die gleichen Überzeugungen teilen. Wir tun Dinge, die wir in unserer Welt als richtig empfinden – die aber nicht zwangsläufig in der Welt eines anderen als richtig empfunden werden.

In einem Streit ist es meistens der Fall, dass die Wahrheit des anderen nicht mit der eigenen übereinstimmt. Um jetzt diese beiden Wahrheiten zusammenzubringen und einander zu verstehen, ist es wichtig, sich auf Gespräche einzulassen. Wenn wir darüber sprechen, warum wir so handeln, aus welchem Gefühl heraus wir entscheiden, können wir einen Einblick in diese andere Welt erhalten.

Ich kann dir an dieser Stelle einfach mal ein praktisches Beispiel geben: Person A hat in einer vergangenen Beziehung die Erfahrung gemacht, dass sie sich nur dann geliebt fühlt, wenn sie sehr viel Zeit mit dem:der Partner:in verbringt. Deshalb hat Person A in ihrer vorherigen Beziehung jeden Tag mit dem:der Partner:in verbracht. Dieser Glaubenssatz: *Ich werde nur dann geliebt, wenn wir viel Zeit verbringen,* hat sich so tief bei Person A verankert, dass sie auch diese Erwartungshaltung mit in die nächste Beziehung bringt.

Person B hatte noch keine Beziehung und liebt das Gefühl von Freiheit und Ungebundenheit. Für B ist es wichtig, viel Zeit allein zu verbringen, um sich immer wieder mit sich selbst zu verbinden und sich nicht von einer Partnerschaft abhängig zu machen.

Wenn jetzt Person A und B in einer Beziehung zusammen-
finden, bringen beide völlig unterschiedliche Brillen mit in
die Partnerschaft:
Person A möchte ganz viel Zeit mit Person B verbringen,
weil sie sich dann gesehen und geliebt fühlt.
Person B möchte, unabhängig von der Liebe zu A, auch
noch genügend Zeit allein verbringen.

Und hier treffen jetzt zwei unterschiedliche Brillen aufeinander, die sich nur verstehen lassen, wenn beide Personen offen darüber sprechen, was sie sich wünschen und
aus welchen Erfahrungen heraus diese Wünsche entstehen.
Wenn Person A kommuniziert, dass sie gerne so viel Zeit
mit Person B verbringen möchte, weil sie sich dann nur
geliebt fühlt, kann Person B das Verhalten der Person A
besser verstehen. Und wenn Person B kommuniziert, warum sie so gerne Zeit allein verbringt und, dass das nichts
mit der Liebe gegenüber A zu tun hat, kann Person A auch
das verstehen.

Wenn wir also anfangen, offen darüber zu sprechen, was
wir im Inneren fühlen und wieso wir so fühlen, können wir
unserem Gegenüber dabei helfen, uns zu verstehen. Und
ganz bestimmt werdet ihr, wenn ihr euch für ein Gespräch entscheidet, einander ein wenig besser verstehen
– und euch am Ende hoffentlich mit einem besseren Gefühl und mehr Verständnis füreinander gehen lassen können.
Für mich hat es sich zu dem Zeitpunkt richtig angefühlt,
mir anzuhören, was er mir zu sagen hatte. Die

Befürchtung zu bereuen, ihm nicht die Chance gegeben zu haben, sich auszusprechen, war viel präsenter als die Angst vor den Gefühlen, die so ein Gespräch auslösen könnte.

An dieser Stelle ist es natürlich sehr unterschiedlich, ob ein klärendes Gespräch von Vorteil ist oder nicht. Ich möchte an dieser Stelle nicht verallgemeinern, denn jede Trennung verläuft anders und mir ist bewusst, dass es auch nicht immer zur Debatte steht, ein letztes Gespräch zu führen. Deshalb möchte ich innerhalb der verschiedenen Szenarien etwas differenzieren und dir in deiner individuellen Situation weiterhelfen.

1. Der:die Expartner:in meldet sich und du überlegst, ob du das Gespräch führen möchtest:

Sofern es bei dir eine Option ist, ein klärendes Gespräch zu führen, würde ich dir raten, auf deine Intuition zu hören. Die sagt mir zumindest immer ziemlich genau, was ich zu tun habe. Hör in dich rein: Stell dir vor, du stehst vor deinem:deiner Expartner:in. Wie fühlt sich das an? Was spürst du, wenn du daran denkst? Ist da Angst? Ist da Erleichterung? Möchtest du dich in diese Begegnung begeben? Oder verschließt du dich, während du nur dran denkst und fühlst dich unwohl? Spür in dich rein, lass dich einmal auf diese Vorstellung ein und höre dann auf das, was dir diese innere Stimme sagt.

Wenn sich dein Gegenüber mit einer respektvollen Nachricht bei dir meldet und dich um ein Gespräch bittet, spricht für mich nichts dagegen, einander die Chance zu geben, Frieden mit der Trennung zu finden. Wenn sich dein:e Expartner:in respektlos verhalten hat und in dir nur schlechte Gefühle hervorruft, würde ich eher von einem Gespräch abraten. Du musst in dieser Situation ganz für dich selbst entscheiden, was sich richtig anfühlt. Manche Menschen solltest du von dir fernhalten, wenn sie dir nicht guttun. Und manchmal haben Taten schon gesprochen, bevor alles gesagt wurde.

2. Der:die Expartner:in meldet sich nicht und du möchtest das Gespräch suchen:

Wie ich dir eben schon erzählt habe, hilft es mir in meinem Verarbeitungsprozess mit Menschen im Guten auseinanderzugehen. Leider wird einem nicht immer die Chance dazugegeben und manchmal, wenn es einem wirklich wichtig ist, muss man selbst noch mal den Schritt auf die andere Person zugehen.

Ich weiß, dass viele mit ihrem Stolz zu kämpfen haben – vor allem wenn man selbst verlassen wurde. Für mich persönlich zeugt es aber von Stärke, sich den Tatsachen zu stellen und Gefühle offen zu kommunizieren. Natürlich kommt ganz darauf an, wie ihr auseinandergegangen seid und was du noch zu sagen hast. Wenn du davon ausgehen kannst, dass ein weiteres Gespräch keinen Frieden bringt, sondern nur weitere Wunden aufreißen und dich verletzen wird, dann würde ich mir das nicht antun. Wenn sich eure Beziehung darauf gründete, offen und ehrlich miteinander zu kommunizieren und du noch viel Vertrauen in die Person hast, dann spricht nichts dagegen, einen Schritt auf dein Gegenüber zuzugehen.

3. Der:die Expartner:in möchte kein weiteres Gespräch:

Das ist schmerzhaft – aber auch das kann das Resultat sein, wenn du den Schritt auf ihn:sie zugehst. Und damit musst du leider auch als mögliche Reaktion rechnen. Das Gute daran: Es ist ein sehr klares Zeichen und ein Schlussstrich für dich. Manchmal bringt es auch nichts, weiter Energie darin zu investieren und dein Gegenüber zu überzeugen. An irgendeinem Punkt ist es Zeit, Abschied zu nehmen und einander loszulassen – auch wenn du dir etwas anderes gewünscht hast.

Wenn ein letztes Gespräch bei euch keine Option ist, habe ich noch einen Vorschlag für dich, der dir dabei helfen kann, die Beziehung ohne ein Gespräch friedlich hinter dir zu lassen.

Schreib einen Brief an deinen:deine Expartner:in. Schreib alles auf, was dir auf der Seele liegt. Ziel ist es gar nicht, den Brief tatsächlich abzuschicken. Es soll einfach eine Möglichkeit für dich sein, alles aufzuschreiben, was dir auf der Seele liegt und einen Platz für deine Worte zu schaffen, die dein Gegenüber bisher nicht erreichen konnten.

Wenn du alles geschrieben hast, was du ihm:ihr noch sagen möchtest, dann kannst du alles Mögliche damit machen. Alles, was verdeutlicht, dass es für dich vorbei ist. Du kannst den Zettel vergraben, in die Kiste mit euren Erinnerungen legen oder zerreißen (deiner Kreativität sind keine Grenzen gesetzt). Was auch immer du damit anstellen möchtest, gib deinen Worten einen Ort, an dem sie ankommen können und dann verabschiede dich davon.

Diese Aufgabe wird dir das Gefühl geben, das ausgesprochen zu haben, was in dir darauf gewartet hat, nach außen zu dringen. Und sobald diese Worte aus dir raus sind, wirst du dich ein klein bisschen leichter fühlen – und deinem Frieden ein klein bisschen näher.

Mach dir bewusst, dass dein Seelenfrieden nicht abhängig davon ist, ob sich dein:e Expartner:in meldet und ihr ein Gespräch führt. Dinge aufzuschreiben und sich alleine davon zu lösen, kann genauso Großes bewirken und dich in deiner Verarbeitung unterstützen. Alles, das du brauchst, um jemanden loszulassen, hast du schon in dir und das bekommst du genauso gut alleine hin.

Lass dich nicht entmutigen, wenn ihr nicht mehr miteinander sprecht. Nutz die Zeit für dich und deine Gedanken, bring sie zu Papier und lasse los – nach und nach.

Ich entschied mich also für ein Gespräch. Ich wollte die Chance nicht ungenutzt lassen, mich mit ihm auszusprechen. Ich wollte mir nie vorwerfen können, etwas nicht getan zu haben. Ich habe Angst zu bereuen und gleichzeitig war er der Inbegriff meiner Angst.

Angst – erneut hinzufallen, zurück in das Loch, aus dem ich mich gerade hinausbewegte. Trotzdem überwog die Sorge, es zu bereuen, nicht mit ihm gesprochen zu haben. Nicht probiert zu haben, was ich mir irgendwo noch ausmalte. Obwohl ich tief im Inneren wusste, dass kaum noch etwas davon da ist, was mal war – nur die Illusion, wie wir hätten sein können.

augen, die voller liebe strahlten
arme, die sich nach zuhause anfühlten
ein lächeln, das mir so viel wärme schenkte
das alles *warst* du

WIEDERSEHEN

Ich sitze im Auto – auf dem Weg zu dir. Als ich heute morgen noch in meinem Zelt auf dem Festival aufwachte, die Sonne mich weckte und mich die ersten Stimmen in die Realität holten, war ich vollkommen. Glücklich und weit weg von meinen Gedanken an dich. Und jetzt, ein paar Stunden später, sitze ich im Auto und fahre los. Zu den Windmühlen. Dort, wo wir uns das erste Mal getroffen haben.

Ich erkenne schon dein Auto aus der Ferne. Mein Herz schlägt mir bis zum Hals. Ich spüre, dass es noch nicht vorbei ist. Unsere Geschichte ist noch nicht beendet, das Buch ist noch nicht zugeklappt. Und dann gehen wir aufeinander zu, meine Knie werden weich, in meinem Magen macht sich ein flaues Gefühl breit und dann – in unserer Umarmung bleibt die Welt für einen Moment stehen. Ich bin dir wieder nah – so nah wie ich es nur in meinen Gedanken war. Spüre deine Arme um mich und fühle mich ganz. Dabei wollte ich mich doch auch ohne dich ganz fühlen. Aber es fühlt sich so an, als wäre mein fehlendes Gegenstück zurück. In diesem Moment schreiben wir ein neues Kapitel in unserer Geschichte. Und das macht mir Angst. Diese Gefühle machen mir Angst. Du machst mir Angst. Immer noch.

- Nach unserem Wiedersehen -

„Das Treffen fühlte sich zeitweise an wie immer, als hätte sich nichts geändert. Davor ging es mir sehr schlecht. Ich hatte Angst, ihn wiederzusehen. Anfangs waren wir beide richtig unbeholfen und mussten lachen. Weil wir das immer schon so gemacht haben. Zusammen lachen, weil wir das gemeinsam gut konnten.

Im Laufe des Gesprächs hat sich herausgestellt, dass er seine Entscheidung bereut und es noch mal mit mir probieren möchte, dass es ihm Leid tut, er sich ändern möchte und nun wohl versteht, was er falsch gemacht hat. Zwischendurch musste ich richtig weinen. Ich war aufgewühlt und erschrocken über die Wendung, die das Ganze auf einmal genommen hatte. Ich habe ihm gesagt, dass ich mir schon vorstellen kann, dass es noch mal funktioniert, aber nicht jetzt. Dass ich im Moment eigentlich keine Zukunft für uns sehe und mir nicht vorstellen kann, dass sich unsere Probleme geändert haben. Er meinte, dass er sich wünscht, dass ich mir die Zeit nehme, in Ruhe darüber nachzudenken und mich nach meinen Klausuren dazu melden soll. Ich habe ihm gesagt, dass er nicht warten braucht und nicht mit einem Ja rechnen sollte, aber ich mich melden werde."

So sehr ich mir auch gewünscht hatte, diese Worte aus seinem Mund zu hören, hat es mich viel Überwindung gekostet, mich den Konsequenzen zu stellen. Die Gedanken an uns wieder zuzulassen. Und das hatte einen Grund: Ich wusste, ich könnte mich wieder in ihn verlieben. Alle Gefühle könnten wieder zurückkommen. Wir könnten da weiter machen, wo wir aufgehört haben. Aber genau das war der Punkt – da weiter machen, wo wir aufgehört haben. Das war der Punkt, an dem er so unglücklich war, dass er sich für eine Trennung entschieden hat und ich seinen Entschluss verstehen konnte, weil auch ich nicht mehr glücklich war. Es lag nie daran, dass wir uns charakterlich nicht verstanden haben: Es waren die fehlenden Gemeinsamkeiten. Wir hatten keine gemeinsamen Pläne, keine gemeinsame Zukunft. Wir hatten unterschiedliche Vorstellungen von Beziehungen, von der Liebe und von uns. Und das wusste ich. Nach dieser Distanz zu ihm umso mehr. Ich wusste, dass es schön mit ihm sein kann, dass wir tolle Momente erleben können, aber ich wusste auch, dass er nie der Partner sein könnte, den ich mir für mich wünschte.

An dieser Stelle war es für mich an der Zeit, mich zu entscheiden. Und ich entschied mich für mich. Ich wollte uns nicht mehr. Es reichte nicht mehr. Ich merkte zwar in dem Gespräch, dass die Gefühle noch da waren, aber ich den Glauben an uns verloren habe.

Wenn du an so einem Punkt stehst, wenn es eine zweite Chance für euch gibt, dann rate ich dir, dir die Zeit dafür zu nehmen, diese Entscheidung genau zu überdenken. Auch wenn du noch Gefühle für dein Gegenüber hast, solltest du dir überlegen, ob die Beziehung dir wirklich das gibt, was du verdienst und brauchst. Ob es das ist, was du für deine Zukunft willst.

Auch wenn dein erster Impuls ist, dass du deinen:deine Expartner:in so sehr vermisst hast und du noch nicht darüber hinweg bist, solltest du dir die Frage stellen, ob es sich lohnt, sich darauf einzulassen und am Ende – im schlimmsten Fall – noch mal von vorne anzufangen.

Nimm dir Zeit, dich, deinen:deine Expartner:in und eure Beziehung zu reflektieren: Was erwartest du von einer Beziehung? Welche Vorstellung hat dein:e Expartner:in von einer Beziehung? Was spricht für euch und was dagegen? Was gibt dir die Beziehung? Ist es das, was du brauchst? Was wünscht du dir für deine Zukunft?

Vielleicht funktionieren zweite Chancen. Vielleicht braucht es bei manchen Beziehungen einfach etwas Abstand und Zeit, um wieder zueinanderzufinden und gemeinsam glücklich zu werden. Aber es gibt auch Menschen, die nicht zusammenpassen, egal wie oft sie es probieren.

Manchmal glaube ich, ist es an der Zeit zu akzeptieren, dass jemand anderes kommen wird. Jemand, der wirklich zu dir passt, der deine Vorstellungen teilt und der dir das geben kann, was du brauchst. Und manchmal muss man verstehen, dass man nichts erzwingen kann, was nicht ist – und genau das musste ich lernen.

Das alles ist nur eine der unendlichen Möglichkeiten, wie eine Trennung und die Zeit danach verlaufen kann. Das, was bei uns passiert ist, ist natürlich der bestmögliche Fall für mich gewesen. Mein Expartner hat seine Entscheidung bereut und wollte uns noch eine Chance geben.

Und plötzlich lag es in meiner Hand, ob und wie es weitergeht. Mir ist bewusst, dass nicht jede Trennung genauso abläuft und deshalb möchte ich dir Mut machen, dass es das auch gar nicht braucht und du es auch so schaffst.

Es ist wichtig, dass du dir mit allem Zeit lässt, dass du dich nicht unter Druck setzt und dich nicht in Hoffnungen verlierst. Auch wenn es kein weiteres Gespräch, kein Zurückkommen und keine zweite Chance gibt – euer Ende führt dich zu deinem neuen Anfang. Ich weiß, wie es schmerzt, wie du hoffst und wie du in Tagträumen versinkst, aber auch das wird besser werden.

Ich glaube daran, dass wie auch immer dein Weg aussehen mag, alles aus einem Grund passiert. Manchmal helfen klärende Gespräche und manchmal sind es die zweiten Chancen, die uns wieder zusammenbringen. Aber genauso können zweite Chancen im Sande verlaufen. Im schlimmsten Fall scheitert man ein zweites Mal zusammen und muss den Verarbeitungsprozess noch mal von vorne beginnen. Nichts dabei ist gewiss. Jede Situation hat immer zwei Seiten – es gibt nicht nur die eine oder die andere.

Und wenn ich eines gelernt habe, dann dass alles kommt, wie es kommen muss. Ich versuche Tag für Tag Situationen so anzunehmen, wie sie kommen. Und daran zu glauben, dass das Alles aus einem Grund geschieht.

Dieses Denken gibt mir Hoffnung. Es nimmt mir ein Stück von dieser ganzen Verantwortung – und das erleichtert mich. Ich weiß, dass ich für mein Handeln und für meine Entscheidungen verantwortlich bin und ich immer eine Wahl treffe. Aber ich weiß auch, dass ich das anziehe, was fest in meinem Unterbewusstsein verankert ist.

Deshalb ist es für mich leichter, an das Gute zu glauben, mich an dem Gedanken festzuhalten, dass am Ende alles gut sein wird. Ich glaube ganz fest daran, dass auch du irgendwann erkennen wirst, warum dein Weg so verlaufen musste. Vielleicht helfen dir meine Worte einen anderen Blick auf deine Situation zu bekommen. Vielleicht zeigt es dir, dass du nur noch an eurer Geschichte hängst, aber eigentlich keine wirkliche Chance für euch siehst. Vielleicht macht es dir Mut, dass auch dein Weg weitergehen wird. Und vielleicht hilft es dir einfach zu wissen, dass du mit all deinen Zweifeln und Gefühlen nicht allein bist.

– Ein paar Tage nach unserem Wiedersehen –

„Die letzten Tage waren nicht einfach. Unsere Beziehung und die Trennung schwirren mir die ganze Zeit durch meinen Kopf. Am Montag war ich total beeinflusst von ihm, in Gedanken bei den schönen Seiten unserer Beziehung. Ich dachte, vielleicht wäre eine zweite Chance, das, was wir bräuchten. Habe mich darin verloren, in meinem Kopf all das abzuspielen, was ich an unserer Beziehung liebte. Das gemeinsame Lachen, die Vertrautheit, die Wärme, die Geborgenheit. Dienstag und Mittwoch sind mir dann wieder unsere Probleme bewusst geworden und ich habe mich wieder schlecht gefühlt. Dabei war ich am Wochenende so glücklich. Die ganze Situation belastet mich wieder total und ich fühle mich schlecht, in meinem Verarbeitungsprozess weiterzumachen, wenn ich ihm nicht ganz klar eine Antwort gegeben habe. Deshalb habe ich ihn eben angeschrieben und gefragt, ob er Zeit hat, damit ich ihm meine Gedanken mitteilen kann.

Ich werde Nein sagen. Ich werde ihm erklären, warum es nicht für mich geht. Und dasselbe werde ich jetzt auch hier runter schreiben, damit ich selbst vor Augen habe, woran es liegt.

Ich habe nicht mehr genug Gefühle für ihn. Ich habe mit der Sache zwar noch nicht abgeschlossen, aber ich habe ihn in der letzten Zeit kaum noch vermisst. Er fehlte mir in ein paar Momenten, aber als er mir sagte, dass er mich zurückwill, konnte ich mich nicht mal freuen. Es war eher so, dass ich dachte „Jetzt habe ich mich gerade daran gewöhnt, ohne dich zu sein, und jetzt soll sich wieder alles ändern?". Und die große Frage ist: Wofür?

Ich glaube nicht an uns. Ich glaube nicht daran, dass er sich verändert hat.

Als er sich von mir getrennt hat, sagte er, dass wir langfristig nicht glücklich werden, und das glaube ich jetzt auch. Vielleicht würde er sich in den ersten zwei, drei Monaten Mühe geben. Vielleicht wäre ich glücklich, aber er könnte sich in diesen anderthalb Monaten nicht grundlegend verändert haben, als dass er meinen Erwartungen an eine Beziehung gerecht werden würde. Ich würde also weder hinter meinen Gefühlen noch hinter unserer Beziehung oder unserer Zukunft stehen, die wir so oder so nicht haben, da wir beide nicht wissen, was wir wollen.

Außerdem habe ich das Gefühl, dass es für mich an der Zeit ist, mich mit mir selbst zu beschäftigen. Ich möchte herausfinden, wer ich bin, was ich möchte und wo es mich hinzieht. Ich habe mich bisher eigentlich mein ganzes Leben lang an Menschen in meinem Umfeld orientiert, habe mich angepasst und dabei selten mich selbst an erste Stelle gesetzt. Ich möchte dahin kommen, dass ich genau weiß, was ich will, wie ich mir meine Zukunft vorstelle und wer ich sein möchte. Ich möchte meine jungen Jahre genießen, möchte ausgehen, woanders studieren, mich ausprobieren. So schön eine Beziehung auch ist, ich brauche im Moment viel Zeit für mich selbst. Und schon gar nicht eine Beziehung, in die ich kein Vertrauen habe und die mir keinen Halt gibt.

Wenn ich all diese Dinge auflíste, merke ich, dass es eigentlich keinen wirklichen Punkt gibt, der für eine Beziehung mit ihm spricht. Es ist wohl eher dieses Comfort-Ding. Es wäre bequemer, wieder zusammenzukommen, in unseren Alltagstrott zurückzufinden und mich nicht mit meinen Problemen und mir selbst auseinanderzusetzen. Ich möchte meinem Leben nicht zuschauen, sondern aktiv teilnehmen, Dinge selbst in die Hand nehmen und bewusst Entscheidungen treffen. Ich will nicht von seiner Entscheidung abhängig sein. Ich würde ihm immer weiter vorwerfen, dass ich ihm nicht wichtig genug bin, was er mir durch die Trennung auch verdeutlicht hat.

Ich muss jetzt an mich selbst denken, mich selbst glücklich machen und nicht darauf warten, dass er es tut. Ich muss mein Leben selbst in die Hand nehmen. Ich denke, nachdem ich mit ihm all diese Gedanken geteilt habe, wird es noch mal schwer für mich, weil es ein klarer Abschlussstrich ist. Aber es wird mir helfen weiterzukommen, damit abzuschließen und glücklich zu sein. Auch wenn es wehtun wird – ich weiß, dass es vorbei geht. Ich weiß, dass ich stark genug bin, das auszuhalten. All das einmal aufzuschreiben, hilft mir so sehr. Ich habe das Gefühl, meinen ganzen Gedankenmatsch loszuwerden und klar zu strukturieren. Das wird mir helfen, ihm gegenüber, die richtigen Worte zu finden. Drück mir die Daumen.“

unser ort
hinter den windmühlen
mein körper
fest umschlungen
mein kopf
an deiner brust
unsere tränen
auf meiner haut
abschied

ABSCHIED

Ich dachte, wir hätten das letzte Mal schon hinter uns. Falsch gedacht – das hier ist das letzte Mal. Das Schlimmste daran ist, dass es meine Entscheidung ist. Dass ich dieses Ende möchte und es trotzdem so weh tut. Dass ich dich eigentlich gar nicht loslassen möchte, aber weiß, dass ich dich gehen lassen muss, damit wir glücklich werden. Ich dachte, du wärst mein Glück – ich dachte, wir wären füreinander bestimmt. Aber ich habe den Glauben verloren. Also stehe ich nun vor dir und wir wissen beide, dass es Zeit ist, Abschied zu nehmen. Uns gehen zu lassen, weil wir einander gehen lassen müssen. Du ziehst mich an dich und ich lasse es zu. Du hältst mich fest und wir sind das letzte Mal eins. Wie oft ich mich in dieser Umarmung sicher gefühlt habe, ohne zu wissen, dass diese Momente gezählt sind. Ohne zu wissen, dass unsere Zeit endlich ist. Und selbst jetzt fühlen sich deine Arme noch wie mein Zuhause an. Du versteckst deinen Kopf an meinem Hals und ich lege meinen an deine Brust. Höre dein Herz schlagen und schließe meine Augen – lasse diese Verbindung ein letztes Mal zu. Kann meine Tränen nicht mehr zurückhalten und will sie auch nicht mehr für mich behalten. Lasse meine Trauer zu, weil ich traurig bin, ohne dich zu sein. Spüre auch deine Tränen auf meiner Haut. Weil auch du weißt, dass es uns nicht mehr geben wird. Weil auch du traurig bist, dass wir es nicht schaffen konnten. Keiner von uns sagt etwas – weil keiner von uns in Worte fassen kann, was hier passiert. Weil keiner von uns wollte, dass das passiert. Und da stehen wir – halten einander fest mit dem Wissen, dass wir uns gerade loslassen. Begreife in diesem Moment, dass Liebe auch bedeutet, sich gehen zu lassen. Begreife, dass Liebe manchmal einfach nicht ausreicht. Dass unsere Liebe nicht ausreicht. Ich weiß nicht, wie lange wir hier stehen. Möchte, dass dieser Moment nie endet, weil ich weiß, dass wir am Ende angelangt sind. Ich bin mir sicher, dass du für immer besonders für mich bleiben wirst, denke ich, während ich merke, wie sich deine Umarmung langsam löst. Also lassen wir einander los und steigen in dein Auto. Du bringst mich nach Hause. Ich weiß nicht, was ich sagen soll – ich sitze auf dem Beifahrersitz und genauso fühlt sich mein Leben gerade an. Ich sitze auf dem Beifahrersitz – ich schaue zu, wie wir uns von den Windmühlen entfernen. Von den Windmühlen und dem, was wir hatten. Als ich aussteige, weiß ich nicht, wie mir geschieht. Sehe dich noch einmal an, finde keine Worte für diese Gefühle. Verlasse das Auto mit Tränen in den Augen und winke dir von der Haustür aus zu. Du schaust mich an und wartest. Ich warte, dass du fährst. Und wir warten beide, dass noch etwas gesagt wird. Finden keine Worte mehr für das, was gerade zwischen uns passiert. Also schaue ich dich ein letztes Mal an, lächle dir zu, während sich die nächste Träne ankündigt und nehme dann die Treppe nach oben. Zwinge mich, mich nicht mehr umzudrehen, weil ich weiß, dass du noch wartest – und hoffst. Aber ich habe mich gegen uns entschieden. Also gehe ich weiter und mein Herz bricht ein zweites Mal – vor Trauer und vor Liebe, vor Dankbarkeit und vor Schmerz.

Mich an diesem Punkt gegen die Beziehung zu entscheiden, war eine der schwierigsten Entscheidungen für mich, die ich je treffen musste. Es fühlte sich absurd an, ihn gehen zu lassen, obwohl er mir so viel bedeutete. Jemanden, mit dem ich so viele schöne Erinnerungen habe und mein Leben teilen wollte. Aber es war an der Zeit, mich für mich zu entscheiden.

In diesem Moment habe ich gelernt, dass manchmal auch die größte Liebe nicht mehr ausreicht. Bis heute habe ich meine Entscheidung von damals nicht bereut. Unsere Trennung ist aus vielen Gründen geschehen und einer davon war, dass wir zusammen nicht funktionierten. In dieser Situation hat mir geholfen, daran zu glauben, dass wir zueinanderfinden werden, wenn wir füreinander bestimmt sein sollten. Ich musste die Beziehung loslassen, weil ich wusste, dass wir zusammen nicht glücklich werden.

Wenn du dich in diesen Gedanken wiederfindest und das Gefühl hast, dass du Zeit für dich brauchst und dich selbst finden möchtest, dann nimm dir genügend Zeit allein. Denn alles passiert aus einem Grund. Die Dinge sollten so verlaufen, damit du an diesem Punkt stehst – und irgendwann wirst du erfahren, was dieser Grund ist.

Unser Abschied an den Windmühlen war Anfang und Ende zugleich. An diesem Tag begann meine Reise. Die prägendste und aufregendste Reise meines bisherigen Lebens – die Reise zu mir selbst.

ich träume davon
dass meine träume
keine bleiben

NEUANFANG

Kann kaum glauben, was zwischen uns passiert ist. Dass ich mich nun wirklich gegen dich entschieden habe. Fühle mich leichter als vorher. Habe nun eine Entscheidung getroffen, die mir einen neuen Rahmen gibt, mich weiterzuentwickeln. Bin einfach nur gespannt, was das Leben für mich bereit hält. Habe so viele Ideen und doch so wenige Pläne. Möchte das Leben auskosten, glücklich und frei sein. Mit Leichtigkeit durchs Leben spazieren, mein Strahlen wiederfinden und mich selbst lieben lernen.

Auch wenn sich mein Herz noch etwas gebrochen anfühlt und ich traurig bin, dich nicht mehr an meiner Seite zu wissen, ist es ein gutes Gefühl, dass ich mich für mich entschieden habe – mich an erste Stelle gesetzt habe und ich mich nicht mit einer Beziehung zufriedengebe, die nicht meine Erwartungen erfüllt. Ich bin mir sicher, ich werde glücklich.

- *Elf Wochen nach der Trennung -*

„*Mein letzter Eintrag ist schon wieder mehr als drei Wochen her. Durch diese Einträge zu gehen, meine Gedanken wieder zu lesen und zu sehen, wie schnell sich die Dinge wieder wenden können, finde ich so unfassbar beeindruckend. Ich fange mal an zu erzählen, was inzwischen alles passiert ist.*

Nach dem letzten Eintrag habe ich mich tatsächlich direkt mit ihm getroffen. Er meinte bei unserem ersten Treffen zu mir, ich soll mir noch mal Gedanken dazu machen und mich bei ihm melden, wenn ich mich entschieden habe. Und das hatte ich. Wir hatten ein langes Gespräch, saßen bei den Windmühlen auf einer Bank. Diese

Bank bei den Windmühlen, dort wo alles anfing und jetzt zu Ende ging. Ich habe ihm alles erklärt, habe viel geweint, und am Ende haben wir uns noch mal in den Arm genommen. Dann hat er mich nach Hause gebracht. Und das war es.

Ich war danach irgendwie erleichtert. Mir geht es besser, seit ich mich endgültig entschieden habe. Kurz nach dem Gespräch habe ich immer wieder gesagt, ich könnte mir gut vorstellen, dass wir irgendwann eine Zukunft haben werden. Mittlerweile glaube ich, dass ich das gesagt habe, um es mir einfacher zu machen. Damit es mir nicht so endgültig vorkommt. Ich weiß nicht, ob wir uns wohl noch mal in diesem Leben treffen werden, aber ich merke immer mehr, was mir noch alles bei ihm gefehlt hat."

In welcher Phase auch immer du gerade steckst, während du meine Worte liest: Mach dir keinen Druck mit der Verarbeitung. Jeder Mensch verarbeitet Dinge anders und geht mit Trennungen unterschiedlich um. Ich möchte dir nur die Hoffnung geben, dass alles wieder gut wird und du nach und nach verstehen wirst, warum ihr an diesen Punkt gelangen musstet.

In dieser Phase habe ich mich schon viel mit anderen Dingen beschäftigt. Habe zugelassen, mich auf die neuen Umstände einzulassen und mein Leben weiterzuleben. Es drehte sich nicht mehr alles um ihn, sondern vorrangig um mich und meine Gefühle. Ich habe mir Zeit gegeben, wenn ich Zeit brauchte und mich viel abgelenkt.

Durch unser Gespräch konnte ich seine Sicht der Dinge besser verstehen und ihn im Frieden verlassen. Ich wusste, dass wir uns ausgesprochen hatten und konnte die negativen Gefühle ihm gegenüber abschalten. So konnte ich auf unsere Beziehung und unsere Trennung mittlerweile viel positiver blicken.

Ich war mehr als dankbar für die Zeit, die wir hatten. Aber ich wusste auch, dass es jetzt an der Zeit ist, mich meiner Weiterentwicklung zu widmen. Ich fing also an, mir genau zu überlegen, was ich von meinem Leben möchte, Pläne zu schmieden und zu überlegen, wo ich mich in ein paar Jahren sehen möchte.

Um das herauszufinden, habe ich an dieser Stelle eine kleine Übung für dich. Nach der Trennung hatte ich erst mal eine riesen Leere in mir – ich habe alles, was ich mir für meine Zukunft ausgemalt hatte, infrage gestellt. Und deshalb musste ich mich erneut damit auseinandersetzen, was ich mir von meinem Leben erhoffe.

Falls du dich in dieser Situation wiederfindest, kann dir diese Übung helfen, herauszufinden, was du dir für dein Leben wünschst: Nimm dir eine Woche lang jeden Morgen als erstes Stift und Papier zur Hand und schreib ungefiltert drauf los, was deine größten Wünsche sind. Ganz losgelöst von deinem Verstand. Schreib einfach alles auf, was dir in den Sinn kommt.

Nach diesen sieben Tagen kannst du dir deine Aufzeichnungen in aller Ruhe anschauen. Welche Wünsche tauchen besonders oft auf? Was sagen deine Wünsche über dich aus? Und wie kannst du deine Wünsche in deinem Leben verwirklichen?

Wünsche sind Wegweiser – sie zeigen uns, wo es uns in unserem Leben hinzieht. Und diese Übung wird dir vielleicht helfen, ein wenig Licht auf deinen Weg zu werfen.

In den nächsten Monaten verbrachte ich sehr viel Zeit mit meinen Freunden. Als ich mich dazu bereit fühlte, entschied ich mich für meine erste kleine Reise allein, um auch bewusst Zeit mit mir allein zu verbringen. Ich hatte mit meiner besten Freundin einen Urlaub in Spanien geplant und nach diesen gemeinsamen Tagen entschied ich, für zehn weitere Tage in den Süden zu reisen. Sieh selbst, wo mich das hingeführt hat.

„Ich glaube an dich."
– und mehr braucht es manchmal nicht

EINE REISE ALLEIN

Bepackt mit ein bisschen Mut in meinem Rucksack, laufe ich los in Richtung Freiheit. Stürme den unebenen Weg nach vorne, laufe und laufe. Drehe mich nicht um, sondern tanze von links nach rechts. Befinde mich an Abzweigungen. Folge nie den Schildern, nur meinem Herzen. Immer der Nase nach – auf in ein selbstbestimmtes Leben. Lasse mich von nichts abbringen und aufhalten. Und an dem nächsten Stoppschild? Warte ich kurz, überdenke meinen nächsten Schritt und wähle eine neue Richtung.

Irgendwann stehe ich da – vor mir endlose Weite – und wage es, mich umzudrehen. Sehe die ganze Strecke hinter mir, die ich zurückgelegt habe. Halte kurz inne. Und mit einem Lächeln auf meinem Gesicht über all das, was ich bereits geschafft habe, wende ich mich wieder der Gegenwart zu, mache mich bereit für meinen weiteren Weg. Weil ich vorwärts leben möchte, nicht rückwärts. Mich nicht zurückhalten, sondern weiterbringen möchte. Weil Vergangenes vergangen ist und die Gegenwart darauf wartet, dass ich ankomme.

Also komme ich an: in Málaga. Es fühlt sich genauso an wie damals nach dem Abitur. Ich bin so frei und lebendig. Ich laufe durch die kleinen Gassen, setze mich an den Strand, schaue in die Ferne, genieße die Leichtigkeit hier zu sein. Beobachte die Menschen, wie sie miteinander sprechen und lachen. Schlendere durch unbekannte Straßen, sauge all das Leben auf und fühle mich vollkommen. Bin gerade so gerne allein, gestalte meinen Alltag so frei und bin bewusst im Hier und Jetzt. Nicht bei ihm, nicht bei irgendwem anders, sondern ausschließlich hier bei mir.

Setze mich in den Sand, schreibe meine Gedanken auf und bin so dankbar für diese Zeit. Die Zeit, die es mir ermöglicht, mich weiterzuentwickeln. Mich zu hinterfragen und neu zu erfinden. Unsere Trennung war der richtige Schritt. Und während ich hier sitze, in die endlose Weite hinausschaue und wild in meine Tasten tippe, realisiere ich, wie sehr ich wachse. Wie gut diese Entscheidung für mich war – für meine Entwicklung. Ich weiß, dass ich auf dem richtigen Weg bin. Könnte die ganze Welt umarmen.

– Vier Monate nach der Trennung –

„Holá aus Málaga! Ich bin tatsächlich in Spanien geblieben und mittlerweile seit drei Tagen unterwegs. Ich sitze gerade am Strand und dachte, es ist der perfekte Anlass zu schreiben. Valencia und Sevilla waren wunderbar. Es war eine so schöne Zeit zusammen mit meiner besten Freundin. Wir haben viel erlebt und unternommen, viel entspannt, geredet, gegessen und uns noch ein Stück besser kennengelernt. Ach, was habe ich sie lieb! Das war unser erster Urlaub zu zweit am Meer. Ich werde mich noch lange an unsere witzigen Abende und langen Strandspaziergänge zurückerinnern. Nach ein paar Tagen in Spanien ist dann auch schnell die Entscheidung gefallen: Ich möchte hier nicht so schnell wieder weg. Also habe ich mich dazu entschieden, einen Sprachkurs in Málaga zu belegen. Ich bin also weiter in den Süden gefahren, in eine WG der Sprachschule gezogen und habe nun schon meine ersten Tage hier verbracht. Heute hat es erst etwas geregnet, aber dann habe ich mich eben entschieden, zum Strand zu gehen und jetzt sieht es echt gut aus: Die Sonne ist rausgekommen und es ist richtig

warm. Ich glaube, manchmal muss man einfach positiv denken und dann wird schon alles gut werden. Das sagt auch das Buch, das ich momentan lese. Es handelt davon, dass man mit positiven Gedanken auch positive Dinge in sein Leben zieht und dieses Motto versuche ich im Moment zu verinnerlichen und auf mein Leben zu übertragen. Ich glaube, viele Dinge werden mir leichter fallen, wenn ich an das Positive denke. Das habe ich ja genauso auch nach der Trennung gemacht. Ich habe nie aufgehört, daran zu glauben, dass alles einen Grund hat, dass alles so kommt, wie es kommen soll und dass ich schon den richtigen Weg finden werde. Diese Erfahrung hat mich wieder ein Stück weitergebracht und ich bin froh, wie alles gekommen ist.

Ich genieße gerade die warme Sonne, die mir auf mein Gesicht scheint und bin so froh, dass das Wetter besser geworden ist. Morgen ist mein erster Tag in der Sprachschule. Ich bin echt gespannt, wie das wird, was ich für Leute kennenlerne und wie meine restliche Woche verläuft.

Eigentlich könnte mein Leben im Moment nicht besser sein. Ich bin gesund, meine Liebsten sind gesund und ich bin frei. Ich fühle mich so losgelöst und unabhängig. Ich kann für vieles dieses Jahr so dankbar sein. Wie anders die Dinge gekommen sind, als ich Anfang des Jahres noch gedacht hatte. An Silvester war ich noch mit ihm in Frankfurt. Schon damals hatte ich ein komisches Gefühl dabei, zusammen ins neue Jahr zu starten. Irgendwie wusste ich schon damals, dass wir nicht für die Ewigkeit bestimmt sind, aber ich wollte es mir noch nicht eingestehen. Heute ist unsere Trennung genau 16 Wochen her.

Um diese Uhrzeit vor vier Monaten hatten wir wohl gerade unser Trennungsgespräch. Vier Monate – das sind 112 Tage, in denen schon so wahnsinnig viele Dinge passiert sind und ich so viel weitergekommen bin. Das Leben ist ein absoluter Wahnsinn – voller Höhen und Tiefen. Während ich am Strand sitze, Musik höre, die Wellen beobachte und meine Gedanken niederschreibe, bin ich einfach glücklich. Und genau das ist es, worauf ich mich während meiner Trennungsphase gefreut habe und was mir die Kraft gegeben hat, positiv zu denken. Jetzt weiß ich, wofür ich das alles durchgemacht habe."

höre den wind
neben mir
lasse das weite
hinter mir
sehe das besondere
vor mir
spüre die ruhe
in mir

ANGEKOMMEN

Nach dieser dunklen Phase fühle ich mich so viel besser – als würde ich tanzend auf einer hellen Wolke durch die Welt schweben. Bin aus der Trauer rausgeschlüpft. Habe sie wie eine schwere Jacke von meinen Schultern gestreift und fallen gelassen. Bin rausgehüpft – in die Freiheit. Zurück dahin, wo meine Gedanken hingehören.

Und jetzt umarmt mich dieses alte Glücksgefühl. Schließt mich in die Arme und drückt mich fest. Weil ich endlich zurückgekommen bin. Und ich glaube, deshalb bin ich so glücklich. Weil ich wieder da bin und in mir diese große Wiedersehensparty stattfindet. Weil ich endlich wieder präsent bin und diese Trauer von mir abgeschüttelt habe.

Also lasse ich mich treiben von all der positiven Energie, die mich umgibt. Gebe mich leicht und frei den Dingen hin, die sich gut anfühlen. Mein Verstand kann diesen Zustand kaum greifen – es ist nicht in Worte zu fassen, wie erlöst ich mich fühle. Frei im Kopf und im Herzen. Frei von dir, frei davon verliebt zu sein, frei von Schmerz, frei von Trauer – frei von all dem, was du in mein Leben gebracht hast.

Vollkommen befreit.

- Fünf Monate nach der Trennung -

„Ich bin im Moment so erfüllt von Liebe für meine Freunde und Familie und verbringe so gerne Zeit mit meinen Liebsten. Das Schöne an meinem Singledasein ist, dass ich mir so viel bewusster Zeit nehme. Auch wenn ich mich während meiner Beziehungen oft mit meinen Freunden getroffen habe, habe ich das Gefühl, jetzt immer zu 100% da sein zu können. Ich denke nicht ständig

an jemanden, bin nicht mit den Gedanken abgelenkt und mache mir keinen Stress damit, jemandem treffen zu müssen. Ich genieße die Zeit im Moment sehr. Liebe es, mein Leben allein zu planen.

Ich bin echt richtig happy. Meine Semesterferien, die Urlaube, die Erlebnisse – die Zeit hat mir so gutgetan. Ich bin erfüllt von purem Glück."

Ich war von innen heraus unendlich glücklich und dankbar für die Erfahrung, die er mir geschenkt hat. Ich verspreche dir, dass du auch an diesen Punkt kommen wirst. Ich habe früher all diese Sprüche wie: *Zeit heilt alle Wunden*, für eine Verschönerung der Trauer gehalten. Habe in den dunkelsten Tagen nicht daran geglaubt, dass die Zeit überhaupt irgendetwas heilen kann. Dass er mir tatsächlich aus dem Kopf gehen kann. Aber das Leben hat mir das Gegenteil bewiesen.

Seitdem vertraue ich der Zeit – glaube daran, dass die Zeit und das Schicksal meinen Weg bestimmen und mich dahinführen wird, wo ich hingehöre. Ich hoffe für dich, dass du auch daran glaubst. Dass du, auch wenn du den Grund der Trennung noch nicht erkennst und dir nicht vorstellen kannst, dass dir die Zeit helfen wird, nicht den Mut verlierst und zumindest an dich glaubst. Du bist so viel stärker, als du denkst und du wirst es schaffen. Und ich verspreche dir, wenn du diese erste dunkle Phase hinter dir hast, wirst du von einer ganz wunderbaren Zeit in Empfang genommen. Einer Zeit, in der du vom Glück wiedergefunden und ganz fest umarmt wirst. Und in dir – gibt es dann auch eine große Wiedersehensparty, ganz bestimmt.

vielleicht
wäre es viel leichter
ohne ein *vielleicht*

VIELLEICHT

Wo ist es hin? Das Gefühl der Sicherheit? Das Gefühl, dich losgelassen zu haben? Woher kommt diese Unsicherheit, wenn ich an dich denke? Warum macht mir der Gedanke so viel Angst, vor dir zu stehen?

Habe so viele Fragen, doch finde keine Antworten darauf. So viele Sorgen, aber keine Ahnung wovor. So viel Trubel in meinem Kopf wegen eines Augenblicks. Und dann ist er da – der Moment, an den ich so oft gedacht habe, ihn mir ausgemalt, aber nie in Farbe gesetzt hatte. Jetzt stehst du vor mir – in echt und in Farbe, fragst, wie es mir geht und wünscht mir einen schönen Abend. Nimmst mich flüchtig in den Arm und bist wieder weg.

Unser kurzes Aufeinandertreffen ist vorbei und du gingst – und mit dir meine Sicherheit, dass wir vorbei sind. Und jetzt schau ich meiner Angst ins Gesicht. Der Angst, dass es für mich doch noch nicht zu Ende ist. Du warst so sicher, so selbstbewusst – ich habe nichts davon gemerkt, dass du vielleicht auch noch an mich denkst. Dir fiel es so leicht – und mir fiel es doch auch schon wieder leicht. Oder dachte ich nur, es fällt mir leicht? Ich drehe mich im Kreis und habe Angst vor diesem Schwindel – möchte nicht wieder eintauchen in mein Gedankenkonstrukt, das nur so vor sich hin wackelt und beim ersten Windzug droht zusammenzubrechen. Oder ist es noch zusammengebrochen?

- Sechs Monate nach der Trennung -

„Nächstes Wochenende ist die Abschiedsparty der WG und danach gehen wir noch auf eine Kirmes in der Nähe. Ich glaube, er wird auch dort sein. Irgendwie habe ich

Angst davor. Ich weiß nur nicht so richtig warum... Ich weiß gar nicht, wie wir aufeinander reagieren werden, ob wir wohl miteinander reden werden, ob wir uns nur Hallo sagen und wie es mir danach damit gehen wird. Eigentlich ist das Thema komplett abgeschlossen für mich. Ich würde auch nicht sagen, dass ich der Beziehung noch hinterher trauere, aber ich habe Angst davor, ihn mit einer anderen zu sehen. Ich weiß darüber zwar nichts, ob es wen gäbe und selbst wenn, ist es sein gutes Recht und ich wünsche ihm ja auch, dass er jemanden findet, mit der er glücklich ist. Trotzdem weiß ich nicht, ob ich das schon sehen könnte, ohne dass es mich trifft. Ich vermute, ich mache mir viel zu viele Sorgen, weil ich weiß, dass ich ein Wiedersehen mit ihm nicht so gut umgehen kann, wenn ich bei der Abschiedsparty dabei sein möchte. Andererseits, wenn ich es so betrachte, könnte das Wiedersehen für mich auch positiv verlaufen. Ich meine, ich habe mir seit Wochen keine Gedanken mehr dazu gemacht, das Thema ist für mich durch. Ihn jetzt wiederzusehen, ohne danach traurig zu sein, könnte in mir auch eine Erlösung bedeuten. Ich würde wissen, dass ich mit der Beziehung abgeschlossen habe. Ich sollte versuchen, in diese Richtung zu denken. Ich meine, ich weiß immer noch, dass es absolut richtig war, ich nicht zu ihm zurück möchte und ich glücklich darüber bin, welche Dinge mir in nächster Zeit bevorstehen.

Wow, wenn ich das alles aufschreibe, löst sich dieser Angstgedanke in meinem Kopf. Die Frage ist ja auch, was ist das Schlimmste, was bei so einem Wiedersehen passieren kann? Dass ich vor Ort und Stelle zusammenbreche, ist, denke ich, ausgeschlossen. Vielleicht geht es mir ein paar Tage danach nicht so gut, weil mich das Wiedersehen etwas aufwühlen könnte, aber für so richtig wahrscheinlich halte ich das nicht. Ach, ich glaube, im Endeffekt mache ich mir selbst nur wieder viel zu viele Gedanken. Ich werde das schon gut wegstecken."

Zweifeln kann ich gut. Alles zerdenken und infrage stellen. Hinter dem großen Ganzen ein Fragezeichen setzen und niemals einen Punkt. Und da waren sie also – meine Zweifel, die meine ganze Verarbeitung infrage stellten. Meine Gedanken, die einfach keinen Punkt an unser Ende setzen wollten. Mittlerweile glaube ich, dass dieses Aufeinandertreffen ein ganz wichtiger Moment in meinem Verarbeitungsprozess war. Zu diesem Zeitpunkt dachte ich eigentlich, komplett über ihn hinweg zu sein. Bis dahin hatte ich ihn aber auch noch nicht wiedergesehen. Und die Vorstellung einer Konfrontation hat alles andere als ein beruhigendes Gefühl in mir ausgelöst.

Ich glaube, sich der Frage zu stellen, wie es für einen wäre, sich wiederzusehen, ist ein gutes Mittel, um herauszufinden, an welchem Punkt man gerade in der Verarbeitung steht. Und falls du magst, kannst du ja mal versuchen, diese Fragen für dich zu beantworten: Welches Gefühl löst es in dir aus, wenn du dir vorstellst, deinen:deine Expartner:in wiederzusehen? Ist da Angst? Sind da Sorgen, die hochkommen? Möchtest du diese Gedanken gar nicht zulassen? Hast du das Gefühl, du schiebst diese Gedanken lieber von dir weg oder kannst du dich auf diese Vorstellung einlassen?

Es ist wichtig, immer wieder in sich zu gehen und zu schauen, wie es um deine Gefühle steht. Wie weit bist du mittlerweile gekommen? Wie fühlst du dich, wenn du an euch zurückdenkst? Brauchst du noch etwas Zeit und musst du noch etwas aufarbeiten, was du verdrängst hast?

Ich hoffe, dass du, während du meine Geschichte liest, auch tief in dich hineinhorchst. Dass du dir Gedanken dazu machst, wie es um dein Inneres steht und aktiv daran arbeitest, auch ohne die vergangene Beziehung ein erfülltes Leben zu führen. Also frage dich an dieser Stelle mal, an welchem Punkt stehst du wirklich?

Ich wusste nicht, wie ich auf ihn reagieren würde. Konnte mir diese Fragen nicht beantworten und das machte mir Angst. Aber ich wollte es mir auch nicht nehmen lassen, diesen Abend gemeinsam mit meinen Freunden zu verbringen.

– Nach unserem Wiedersehen –

„Gestern war die Abschiedsparty in der WG und somit auch der Abend, an dem ich ihn wiedergesehen habe. Ich bin etwas durcheinander, aber ich erzähle erst mal. Erst hatten wir einen total coolen und witzigen Abend in der WG. Dann sind wir losgegangen. Kurz darauf habe ich einen seiner Freunde getroffen, der ihn dann zu uns gerufen hat. Auf einmal stand er hinter mir und wir haben uns kurz umarmt, Hallo gesagt, und er hat gefragt, wie es mir geht, gesagt, dass er lange nichts mehr von mir gehört hat. Ich war so aufgeregt in dem Moment, aber eigentlich war die Begegnung an sich nicht schlimm. Das Schlimme ist nur, dass ich seitdem viel an ihn denken

muss und er mir immer noch so vertraut war. Das gibt mir natürlich zu denken. Andererseits weiß ich auch, wie wenig ich sonst an ihn gedacht habe. Es ist ja nicht so, dass ich ihn jetzt die ganze Zeit vermisst hätte.

Aber irgendwas hat das Wiedersehen in mir aufgewühlt. Vielleicht fühlt sich das Ganze jetzt doch noch nicht so ganz abgeschlossen an. Aber dann ist es jetzt zumindest gut, dass ich das weiß und daran arbeiten kann.

Ich meine, irgendwann musste ich ihn nun mal wiedersehen und vor dem nächsten Mal werde ich dann weniger Angst haben. Das hat mich alles auf jeden Fall irgendwie durcheinandergebracht und heute ging es mir deshalb den ganzen Tag nicht so gut – vor allem der Morgen war wieder schlimm.

Ich würde so gerne wissen, wie er die Situation wahrgenommen hat und was er über unser Wiedersehen denkt. Ich versuche jetzt, mir noch mal Zeit zu nehmen, die Trennung erneut durchzugehen, mir wieder vor Augen zu führen, was zwischen uns nicht gepasst hat. Und wie ich damals auch schon immer gesagt habe, vielleicht sehen wir uns ein zweites Mal im Leben oder eben ein drittes Mal. Wie auch immer."

Falls du auch manchmal mit Zweifeln zu kämpfen hast, dann lass dir gesagt sein: Das ist ganz normal. Es ist kein Rückfall, kein Zeichen von Schwäche oder sonst was – es ist menschlich. Beziehungen nehmen einen großen Teil unseres Lebens ein. Vermutlich habt ihr euch Tag für Tag begleitet, Freuden und Tränen geteilt, schöne Momente zusammen erlebt und womöglich in den Schwersten zusammengehalten. Bis es zusammen nicht mehr funktioniert hat und ihr euren Weg allein weiter gegangen seid. Daran zurückzudenken, was ihr wart und wie euer Weg zusammen hätte aussehen können, ist das Normalste der Welt. Ich glaube, diese intensiven Gefühle, die man füreinander hatte, werden für immer ein Teil von uns bleiben. Auch wenn sie irgendwann in den Hintergrund rücken und nicht mehr ständig präsent sind, die Erinnerungen daran begleiten uns auch nach einer Trennung. Eure gemeinsame Zeit kann dir niemand mehr nehmen.

Wenn ihr euch wiederseht, kann es für einen Moment so sein, als würden diese Erinnerungen in deinen Gedanken aufleben. Und das ist auch ganz normal, denn diese gemeinsamen Erinnerungen verbinden euch miteinander. Sie sind das, was euch von der Beziehung geblieben ist. Und gerade deshalb ist es auch so verständlich, dass es dich aufwühlt, dich verunsichert, dich zweifeln lässt.

In so einer Situation würde ich dir raten, dir etwas Zeit zu lassen. Bei mir waren es oft nur kurze Augenblicke – Momente der Sehnsucht, die nach und nach wieder verschwunden sind. Und nichts davon hat lange genug angehalten. Du brauchst nicht direkt alles infrage stellen, wenn ein paar Zweifel aufkommen. Geh achtsam mit dir um und beobachte, was es wirklich mit dir macht. Und erst, wenn du langanhaltend zweifelst, würde ich dir raten, der Sache nachzugehen.

– Sieben Monate nach der Trennung –

„10 Tage später und schon wieder hat sich meine Sichtweise geändert. Es ging mir noch ein paar Tage, nachdem ich ihn gesehen hatte, nicht so gut. Ich habe immer

wieder darüber nachgedacht und in manchen Momenten hat das meine Laune etwas runtergezogen.

Nach ein paar Tagen hat sich das wieder gelegt. Jetzt geht es mir wieder gut und ich glaube, es war wirklich hilfreich, dass wir uns wiedergesehen haben, um unsere Trennung noch ein Stück mehr zu verarbeiten. Ob es mir jetzt noch mal schlechter geht, wenn ich ihn wiedersehe, keine Ahnung. Die Hauptsache ist, dass es mir jetzt wieder gut geht.

Ich glaube, das Wiedersehen hat einfach noch mal alles in mir hochgeholt und mir gezeigt, dass es tatsächlich vorbei ist, dass er jetzt keine Bezugsperson mehr von mir ist und irgendwie hat mich das traurig gemacht, weil wir doch so viele schöne Erinnerungen zusammen haben."

Letztlich ist es nur Zeit, die du brauchst – mehr, als du dir bisher gegeben hast. Zweifel sind auch nur Gedanken, die kommen und genauso wieder gehen. Lass dich nicht von den ersten Zweifeln verunsichern. Es ist ein Prozess, eine Beziehung zu verarbeiten. Und es wird immer wieder diese Gedanken geben, die eure Trennung anzweifeln.

Es stellt sich nur die Frage, was du daraus machen möchtest und darauf kennst nur du die Antwort. Ich kann nicht verallgemeinern und dir einreden, dass alle Zweifel unbegründet sind. In meinem Fall war es zu dem damaligen Zeitpunkt nicht der Moment, um meinen Zweifeln nachzugehen. Es war nicht der Moment, in dem ich zu dieser Beziehung zurückwollte. Sollte es bei dir anders sein – solltest du lange nach der Trennung immer noch Zweifel daran haben und die Beziehung nicht loslassen wollen, dann kann es sich auch lohnen, deinen Zweifeln wirklich Gehör

zu schenken. Wenn du denkst, dass ihr füreinander bestimmt seid und es sich für dich richtig anfühlt, noch einmal ein Gespräch mit der Person zu führen, dann ist auch
das vielleicht der Weg, den du gehen musst.

Also wie auch immer deine Zweifel aussehen: Was genau
spürst du, wenn du zweifelst? Ist es einfach die schöne Erinnerung, die sich kurz einschleicht und das Gefühl der
Sehnsucht weckt? Die generelle Sehnsucht nach Nähe,
nach einer Beziehung, nach einer vertrauensvollen Bezugsperson? Oder ist es die Sehnsucht nach ihm:ihr?
Möchtest du nur diese eine Person an deiner Seite wissen?
Ich weiß, es kann so mühselig sein, auf all diese Fragen
Antworten zu finden. Es kann dir aber dabei helfen, für
dich die richtigen Entscheidungen zu treffen. Also horch
noch mal rein: Nimm dir die Zeit und gib deinen Zweifeln
Platz, aber lass ihnen nicht die Überhand.

glück

[glyk], substantiv, neutrum

ein ruhiger sonnenaufgang, ein kaffee in meiner hand,
freiheit in meinem kopf, das lachen meiner mama, eine
nachricht meiner besten freundin, eine liebevolle umarmung, bauchschmerzen-vor-lachen mit meinem
bruder, der duft frischer blumen, vogelzwitschern,
warme sonnenstrahlen auf meiner haut, weicher sand
unter meinen füßen, musik in meinen ohren

EIN NEUES KAPITEL

Ich wache auf. Ein ganz normaler Tag – alles ist wie immer. Außer, dass mein wie immer ein anderes ist, als es noch vor ein paar Monaten war.

Wie immer – das hieß für uns, wir wachen zusammen auf, erzählen uns von unserem Tag, schreiben einander Nachrichten, wenn wir getrennt sind. Wie immer hieß Beständigkeit und Geborgenheit, wenn ich bei dir war. Wie immer hieß, du bist meine Konstante, unverändert, immer da.

Mein wie immer heute? Es gibt kein Wir. Kein gemeinsames Aufwachen, keine Nachrichten. Meine Konstante ist die Veränderung. Und die Veränderungen in meinem Leben schließen dich davon aus. Du bist nicht mehr in meinem Kopf. Du bestimmst nicht mehr meine Gedanken.

Ich wache auf und bin da – nicht in Gedanken bei dir.

Ich wache auf und realisiere, dass ich über dich hinweg bin.

Ich wache auf und vermisse dich nicht mehr, weil du kein Teil mehr von mir bist.

Ich wache auf und starte mein Leben, weil nichts mehr fehlt – und ich ohne dich glücklich bin.

- Ein Jahr nach der Trennung -

„Ein Jahr ist es jetzt her. Ein Jahr, voller neuer Erinnerungen, Emotionen, Erkenntnisse, ein Jahr voller Leben. Und ich hätte niemals gedacht, was das Jahr für mich bereithält, an welchem Punkt ich nach einem Jahr stehen werde, wie viel in einem Jahr passieren kann und wie glücklich ich am Ende sein werde. Ich habe so viel gelernt, mich weiterentwickelt, ein Stück mehr zu mir selbst *gefunden und bin motivierter, glücklicher und dankbarer denn je.*

Diese Beziehung war nicht nur ein schöner Lebensab-schnitt und hat mir einen besonderen Menschen in mein Leben gebracht, sondern auch mit dem Ende einen neuen Weg geebnet und mich weitergebracht. Ich bin mehr als dankbar für diese Erfahrung, auch wenn ich vor einem Jahr zu diesem Zeitpunkt komplett am Ende war. Ich habe gelernt, dass alles gut wird, dass ich über alles hinwegkommen kann und nach einem Tief immer ein Hoch auf mich wartet. Meine Freunde und Familie sind das Wichtigste und Beste im Leben, die Zeit heilt wirklich alle Wunden und ich selbst bin der einzige Mensch, auf den ich mich immer verlassen kann. Ich bin mehr als glücklich über das vergangene Jahr. Es war genau das Richtige und der genau richtige Moment für unsere Tren-nung. Und jetzt wird es Zeit für ein neues Kapitel."

Es war genug Zeit vergangen. Unsere Trennung war zu diesem Zeitpunkt bereits ein Jahr her. Ein Jahr – lang ge-nug, um wieder bei mir selbst anzukommen. Ein Jahr – genug Zeit, um zurück zu mir zu finden.

Ich war also angekommen in meiner Single-Phase. War teilweise überfordert von den ganzen neuen Möglichkei-ten und gleichzeitig habe mich auch so wohl in meiner Freiheit gefühlt. Wenn du an dem Punkt angekommen bist, dass du das Gefühl hast, die Beziehung erfolgreich verarbeitet zu haben, dann kann dein Leben wieder rich-tig losgehen.

Du bist frei: Nutze diese Freiheit. Was wolltest du schon immer mal probieren? Mach etwas Verrücktes, stelle dich vor neue Herausforderungen, probiere Neues aus und lass dich von deinem Schicksal tragen. Genieße deine Zeit allein. In dieser Phase habe ich mich viel ausprobiert, mich an neue Dinge gewagt und viel Zeit mit mir selbst verbracht. Die beste Zeit ist jetzt! Also – worauf wartest du noch?

Für mich war die Phase, in der ich über die Beziehung hinweg war, die prägendste, die ich bisher durchlaufen bin. Ich habe so viele Dinge ausprobiert, mich verändert, neu erfunden und wieder besser kennengelernt.

Neben all der Freiheit und den neuen Erfahrungen war es für mich das Wichtigste, immer wieder innezuhalten, zu reflektieren und darüber nachzudenken, wie ich mich mit den ganzen Veränderungen fühle. Durch die vergangene Beziehung habe ich gelernt, dass ich mich an erste Stelle setzen muss. Ich habe gelernt, dass sich mein Wert nicht durch andere definiert und ich mir nicht alles gefallen lassen brauche.

Auch wenn ich dachte, ich hätte das Leben ein klein bisschen besser verstanden und eine Menge dazugelernt, kam ich wieder an den Punkt, dass ich verletzt wurde. Und wenn ich dir heute eine Sache mit auf den Weg geben kann, dann ist es, deine Beziehung zu dir selbst gut zu pflegen. Du bist dir am nächsten. Der einzige Mensch, der immer in deinem Leben bleibt. Also solltest du gerade an dieser Beziehung am meisten arbeiten und dir über deinen eigenen Wert bewusst werden. Deine Individualität und deine eigene Gegenwart schätzen lernen.

Das ist wahrscheinlich die härteste und gegenwärtigste Lektion, die mir mein Leben lehrt. Ich weiß viel zu gut, wie schnell man sich verunsichern lässt, wie sehr man sich manchmal von den Meinungen anderer abhängig macht und sich mit anderen vergleicht. Dabei ist das doch alles absolut zweitrangig. Du bist gut, so wie du bist. Du bist wertvoll, wie du bist.

Und du bist liebenswert. Jemand, der deinen Wert nicht erkennt und zu schätzen weiß, ist deine Zeit nicht wert. Denn Zeit ist begrenzt, das Leben ist endlich: Also mach das Beste draus und teile dein Leben nur mit den Menschen, die das Beste in dir sehen. Und lerne, das Beste auch in dir selbst zu sehen.

first of all
it's yourself
priorities

ZEIT FÜR MICH

Heute ist mein Tag. Ein Tag so richtig für mich. Ein Tag, an dem ich ein Date mit mir habe. Rauskommen, etwas erleben, die Welt aufsaugen. Allein durch die Straßen laufen und mich nur auf mich konzentrieren. Also stehe ich auf, nehme mir eine warme Dusche und mache mich schön – für mich. Weil ich mich gut fühlen möchte. Weil ich es mir wert bin, mir für mich Mühe zu geben. Ziehe mein Lieblingskleid an, genieße meinen Kaffee. Und dann laufe ich los: Zum Bahnhof. In Richtung einer neuen Stadt.

Sitze in der Bahn, freue mich auf meinen Tag und verliebe mich wieder in dieses Freiheitsgefühl. Diese pure Freiheit, die durch meine Adern fließt, während ich durch die Landschaften fahre und meine Finger über die Tastatur schweben. Weil ich genau das machen kann, wonach ich mich fühle. Weil ich genau da bin, wo ich gerade sein will. Weil es sich genau richtig anfühlt, mir Zeit für mich zu nehmen.

Sich Zeit für sich nehmen. Sich selbst finden. Sich ausklinken. Abschalten. Aufatmen. Wie sieht das eigentlich aus? Während ich heute weiß, was ich brauche, erinnere ich mich, dass ich es eine lange Zeit nicht wusste. Ich habe verstanden, dass Menschen Zeit für sich brauchen – aber die Umsetzung war mir fremd. Also, wie sieht das aus? Wie sieht so ein Date mit sich selbst aus? Und ist das nicht komisch? Allein rausgehen? Allein Dinge unternehmen? Wenn mich das Leben mal wieder überschüttet mit Veränderungen, muss ich manchmal abtauchen. Allein sein – weil ich allein verarbeiten kann, was alles auf mich einprasselt. Und ich weiß, dass es sich anfangs komisch anfühlt. Dass man verunsichert ist, wie das auf andere wirken mag. Aber: Es tut so gut, Dinge alleine zu unternehmen, zu spüren, dass ich allein zurechtkomme und glücklich bin. Zu wissen, dass mein Glück von niemanden abhängig ist und ich mir genüge. Zu strahlen, weil ich mich selbst zum Strahlen bringen kann. Und all das konnte ich entdecken, weil ich mir Zeit für mich selbst genommen habe.

Also geh doch auch mal auf ein Date mit dir. Mach einen langen Spaziergang, einen Ausflug in eine neue Stadt, leg dich mit einem guten Buch in die Sonne, geh alleine Essen, koch für dich dein Lieblingsrezept, mach dir einen gemütlichen Serienabend. Nimm dir bewusst eine Auszeit für dich. Und ich bin mir sicher du wirst es lieben lernen. Du wirst deine Gegenwart lieben lernen.

Und während ich so viel Zeit mit mir allein verbrachte und dachte zu wissen, was ich brauche, erreichten mich Nachrichten. Seine Nachrichten, die mich dazu brachten, zu hinterfragen, was ich wirklich brauche. Und ob mir was fehlt. Ob er mir fehlt.

weil ich lieber ein komma
anstatt einen punkt mache
eine neue seite beginne
anstatt ein kapitel zu beenden
bei dir

WAS FEHLT MIR?

Seit du mir geschrieben hast, bist du zurück in meinen Gedanken. Ich denke an dich. Frage mich, was gewesen wäre, wenn wir es geschafft hätten? Wo wären wir gerade? Ob du dich sehr verändert hast? Wo du mittlerweile stehst und was du machst? Ob es uns wohl irgendwann noch mal geben wird?

Zu viele Gedanken – zu viel an dich gedacht. Von allem zu viel, obwohl ich doch eigentlich nichts an meiner Situation ändern möchte. Eigentlich bin ich doch glücklich – und uneigentlich?

- Ein Jahr und vier Monate nach der Trennung -

„Es gibt Neuigkeiten: Er hat sich bei mir gemeldet. Wer hätte das gedacht? Er hat auf eine Instagram-Story von mir geantwortet, gefragt, wo ich im Moment bin und ob alles gut ist. Echt nett eigentlich. Ich habe mich darüber gefreut. Haben dann ein bisschen hin- und hergeschrieben und es war echt schön, mal wieder von ihm zu hören. Aber ich habe direkt gemerkt, dass ich wieder angefangen habe, mir Gedanken zu machen. Wie meint er das? Was möchte er? Oh, er ist so nett. Vermisse ich ihn?

Zu viele Gedanken für ein unverbindliches Gespräch. Wir haben dann auch recht schnell wieder aufgehört zu schreiben und ich denke, das war auf jeden Fall auch gut so. Ich freue mich, dass wir ein gutes Verhältnis zueinander haben."

Manchmal da passieren Kleinigkeiten. Und diese Kleinigkeiten zerdenke ich in all ihre Einzelteile. Nehme sie auseinander, betrachte sie von allen Seiten und positioniere sie neu. Gebe den Einzelteilen einen anderen Platz und probiere eine andere Ordnung. Bis so viele Einzelteile entstanden sind, dass ich nicht mehr weiß, wie ich da noch eine Ordnung reinbringen kann. Und auf einmal ist da eine Unordnung, wo vorher nichts war. Auf einmal sind diese Einzelteile zu einem riesengroßen Haufen geworden und mittendrin stehe ich – schaue auf das Chaos in meinen Gedanken. Da wo vorher alles seinen Platz hatte, seit er nicht mehr Teil meiner Gedanken war, ist wieder Unordnung entstanden. Mit diesen Zeilen hat er alles infrage gestellt.

Ich weiß nicht, wie es dir bereits mit deiner Trennung geht. Ich kann dir auch nicht sagen, was das übliche Maß ist, an einer vergangenen Beziehung zu hängen. Ich denke, dass man gewissermaßen immer wieder etwas durcheinander sein kann, wenn man voneinander hört. Ich denke, dass es normal ist, dass es einen nicht kalt lässt. Aber das Einzige, das ich mit Sicherheit weiß, ist, dass nichts von alledem schlimm ist. Jedes Gefühl hat seine Berechtigung. Ich habe aufgehört, mich für alle Gefühle zu rechtfertigen, Erklärungen zu suchen und mich damit unter Druck zu setzen. Manches kann ich mir bis heute nicht erklären. Immer wenn ich an ihn dachte, war da etwas in mir, dass mich daran hinderte, den Gefühlen nachzugehen – bis ich die Erkenntnis hatte, dass es nun zu spät ist. Und diese Erkenntnis traf mich mit einer unerklärlichen Wucht.

die erinnerung an dich
ein polaroid in meinem kopf
eine momentaufnahme
deiner worte
deines lachens
deiner liebe
für immer mein
wenn auch kein uns

ENDGÜLTIG

Ich bin verliebt. Nicht in jemanden: in das Leben. Ich fühle mich so unbeschwert, so frei, bin genau da, wo ich gerade sein möchte. Ich wohne in dieser neuen Stadt – diese Stadt, die eigentlich nie auf meiner Liste stand und mich nur der Zufall hinbrachte. Und ich merke, wie gut mir dieser Zufall tut. Wie sehr ich diese Stadt gerade brauche, um meinen Weg zu gehen. Wie gut mir diese Distanz tut und wie nah ich mir komme. Und so sitze ich zufrieden im Büro mit diesen neuen Menschen, die nur diese unbeschwerte Seite von mir kennen. Beschäftige mich mit neuen Aufgaben, schweife mit meinen Gedanken zu meinen Plänen an diesem neuen Ort. Und wieder einmal stellt mich das Leben auf die Probe. Du stellst mich auf die Probe. Und mit mir mein Konstrukt, das unbeschwerte Leben zu genießen: Dein Name erscheint.

Mein Bildschirm erhellt sich, obwohl du dort eigentlich keinen Platz mehr hast. Genauso wie in meinem Leben. Und sobald dieser kurze Schreck vorbei ist, freue ich mich, von dir zu hören. Beruhige mich wieder, weil doch eigentlich nichts dabei ist. Ich über dich hinweg bin und unsere Geschichte vorbei ist. Trotzdem bleibt dieses komische Gefühl – und das auch noch die nächsten Stunden, in denen wir ein bisschen schreiben und erzählen, was unser Leben gerade mit uns macht.

Und auf einmal lese ich die Nachricht, vor der ich mich innerlich immer gefürchtet hatte – die mein Konstrukt zum Einstürzen bricht. Die mich schnell meinen Messenger schließen und zur Toilette eilen lässt. Raus aus diesem Raum mit diesen neuen Menschen. Rein in einen Raum, in dem nur ich sein kann. Wo ich kurz durchatmen kann und den Boden wiederfinde, den du gerade unter meinen Füßen weggerissen hast. Du hast eine neue Freundin. Und das zu wissen, trifft mich härter, als ich es für möglich gehalten habe. Und die Erkenntnis, dass es mich noch so sehr trifft, trifft mich direkt noch einmal.

– Eineinhalb Jahre nach der Trennung –

„Es ist Zeit, etwas loszulassen. Etwas, wovon ich dachte, es schon vor langer Zeit getan zu haben. Ein Gefühl, das jetzt noch einmal hervorgekommen ist, was ich spüren musste und jetzt loslassen werde: Die Illusion, dass wir irgendwann wieder zueinanderfinden könnten. Ein Wunschdenken, eine Hoffnung und irgendwie ein Strang, an dem ich mich hin und wieder festgehalten habe. Er hat sich bei mir gemeldet und er hat mittlerweile eine neue Freundin. Und das hat etwas in mir ausgelöst. Irgendwie hat es die Trennung hervorgeholt, die Gedanken an die schöne Zeit, die wir hatten, die positiven Seiten unserer Beziehung, die Verbundenheit, die war miteinander teilten, die Intimität, die ehrliche Zuneigung, das Vertrauen ineinander. Ja, ich weiß – das sind alles verzerrte Wahrnehmungen einer Zeit, die schon lange zurückliegt und definitiv nicht das Gesamtbild dieser Beziehung darstellt, aber in diesem Moment erinnere ich mich nur an die positiven Augenblicke zurück. Und mit der Tatsache, dass da jetzt jemand anderes ist, dass er wen gefunden hat, mit der er nun diese Verbindung teilt, hat mir irgendwie doch zugesetzt – mehr als ich es für möglich gehalten habe. Wir haben auch etwas geschrieben, darüber, dass wir uns vielleicht zu früh gefunden hatten, wir uns wirklich gut verstanden haben, aber viele Dinge einfach nicht gepasst haben. Er sagte, dass es mir ohne ihn besser geht und es jemanden geben wird, der meine Träume teilen wird und besser zu mir passt, als er es getan hat. Und damit hat er recht, denn genau das habe ich auch in den letzten eineinhalb Jahren herausgefunden.

Ich habe mich ein Stück mehr gefunden, habe genauere Vorstellungen von meinem Leben, mir selbst, meinen Ansprüchen, meinen Erwartungen an eine Beziehung und, ich weiß nach wie vor, dass er diese auch jetzt nicht erfüllen könnte. Und so lieb er auch ist, so gerne ich ihn auch hatte und irgendwie noch habe, funktionieren wir nicht und das wissen wir beide.

Er hat jetzt jemanden gefunden, mit der es besser passt, und meine Illusion, die ich irgendwo in den Tiefen mit mir trug, ist damit gegangen. Und deshalb fühlt es sich wieder wie ein Abschied an, nicht so schmerzhaft und traurig wie damals, aber irgendwie noch ein Stück weit endgültiger.

Irgendwie ist es so verrückt, dass ich jetzt hier sitze und weine, wenn ich darüber nachdenke, aber ich glaube, es ist gut, diese Gefühle zuzulassen und ihn damit gehenzulassen. Letztlich bin ich mir über all die Unstimmigkeiten, die wir hatten, bewusst, konnte hier auch alles nachlesen – ich weiß das alles und ich merke immer wieder, was mir eigentlich noch alles bei ihm gefehlt hat. Und trotzdem tut es ein bisschen weh. Im Endeffekt möchte ich, dass er glücklich ist. Ich möchte, dass er die Person findet, mit der er sein Leben teilen kann, die ihn versteht, für ihn da ist, wie er es braucht und seine Vorstellungen *vom Leben mit ihm teilt. Wenn er diese Person jetzt gefunden hat, dann lass ich ihn jetzt gehen, raus aus meiner Vision von uns.*

Ich glaube, hätte ich gerade auch irgendwas Festeres in Aussicht, würde mich das auch nicht so treffen. Jetzt bin ich damit konfrontiert, dass der letzte Strang, den ich für irgendwann im Kopf hatte, seine passende Hälfte gefunden hat und nicht mehr mein letzter Strang sein wird. Aber ich werde auch noch meinen Partner finden. Jemanden, mit dem ich dann wirklich auf der gleichen Wellenlänge bin, mit dem ich mich verbunden fühle, mit dem ich meine Zukunftsvorstellungen teilen kann und der mich unterstützt, so wie ich es brauche. Das wünsche ich mir für uns beide – für ihn in seiner Beziehung und für mich in meiner zukünftigen. Wenn auch nicht wir zusammenpassen, bleibt die Zeit mit ihm für immer eine schöne Erinnerung: Meine erste richtige Liebe, mein erster richtiger Herzschmerz und er für immer ein besonderer Mensch. Und jetzt lasse ich ihn los, gebe ihn frei, nehme ihn raus aus meiner Vision, meinem Kopf und mache mich voll und ganz frei für mich, für alles, was auf mich wartet, für meine nächste Liebe."

Wer hätte gedacht, dass es mich nach eineinhalb Jahren so sehr trifft, wenn er eine neue Freundin hat? Ich nicht – ich dachte, ich wäre schon viel weiter. Ich dachte, ich habe alles verarbeitet und ihn hinter mir gelassen. Ich dachte, ich wäre vollkommen befreit von uns. Aber das Leben hat mich getäuscht. Hat mir vielleicht etwas vorgespielt – oder vielleicht habe auch ich mir etwas vorgespielt. Habe mich vielleicht auch zu viel von ihm abgelenkt. Habe so viele Pläne gehabt, dass ich unsere Alten verdrängt habe. Was ich dir jetzt damit sagen möchte, ist, dass jedes Gefühl normal ist. Dass es auch normal ist, wenn es dich nach langer Zeit noch mal trifft. Dass eine Trennung nicht in ein paar Tagen verarbeitet und abgeschlossen ist. Dass dich jede Beziehung auch weiterhin begleiten wird. Bei mir ist es jedenfalls so, dass ich all die Menschen, die mal so einen großen Teil in meinem Leben eingenommen haben, nicht einfach für alle Ewigkeit streichen kann. Das kann ein Vorteil, aber auch definitiv ein Nachteil sein. Ich hänge an Menschen, mit denen ich eine Geschichte habe. Und egal wie viel Zeit verstrichen ist und verstreichen wird, ein Teil von mir habe ich ihm überlassen. Und diesen Teil werde ich mir auch nicht mehr zurückholen können.

Und genau das ist mir während dieses Tagebucheintrags klar geworden. Auch wenn ich darüber hinweg war, war da immer noch dieser Funken Hoffnung, dass wir vielleicht doch irgendwann unsere Geschichte weiterschreiben. Und es ist nicht schlimm, wenn auch du diesen Funken in dir behältst. Es sind schon so viele Zufälle in meinem Leben passiert, dass ich mich davon verabschiedet habe, Dingen eine absolute Endlichkeit zuzusprechen. Und das hier soll dich keinesfalls entmutigen oder dir Sorgen bereiten. Es soll dir Normalität in deinen Verarbeitungsprozess geben. Es soll dir zeigen, dass es nicht den einen optimalen Weg gibt, dass Gefühle absolut nicht steuerbar sind, dass das Leben eine Achterbahnfahrt bleibt, auch wenn du gerade das Gefühl hast, dich auf einer Geraden zu befinden. Lange habe ich gedacht, ob irgendwas daran nicht normal ist, dass es mich noch nach so langer Zeit trifft. Habe mich infrage gestellt, bin unsere Geschichte wieder und wieder durchgegangen. Bis ich irgendwann realisiert habe, dass all das normal ist und jede Beziehung ihre Spuren hinterlässt. Dass die Zeit dir den nötigen Abstand verschafft, all die Veränderungen zu akzeptieren. Und ich hoffe, dass ich dir Mut machen kann, dass auch du deinen Weg finden wirst.

Nach ein paar Tagen, in denen er irgendwo durch meine Gedanken geschwirrt ist, hat sich meine Stimmung wieder verändert. Irgendwie war diese Erkenntnis ein klarer Schlussstrich, der eigentlich schon gezogen wurde, aber jetzt sah ich ihn klar vor mir.
Also beendete ich den letzten Abschnitt unserer Geschichte, strich liebevoll über die vielen vollbeschriebenen Seiten und begann ein neues Kapitel: Öffnete mich für neue Menschen und fand die größte Liebe in mir.

as the waves
kissed her curves
she laughed
towards the sun
shells under her feet
the breeze around her body
welcome back

MUT IM GEPÄCK

Gerade in den letzten Tagen – an denen sich die Sommer-monate verabschieden und der Herbst sein Gesicht zeigt, wenn die langen Sommernächte der Erinnerung angehören und die Sonnenstunden auf meiner Haut verblassen, dann erinnere ich mich an all die warmen Tage und mit den Bildern kommt das Fernweh. Die Sehnsucht danach, unbeschwert der Sonne entgegen zu reisen. Frei und spontan, nie mehr als einen Tag vorauszuplanen. Mich treiben lassen vom Wind, von Menschen, von Geschichten. Mich in Situationen wiederfinden, die ich mir vorher nicht ausmalen konnte und in Gesprächen, die mich bis heute begleiten. In Erfahrungen, die mir Tränen in die Augen treiben und mich schaudern lassen. Aber vor allem in Momenten des absoluten Glücks, der Dankbarkeit und Freiheit, die mein Gesicht mit einem Lächeln schmücken. Reisen – das ist das, was mir die meiste Kraft gegeben hat. Das, was mir den Sinn und die Vielfalt zeigt, wenn ich mich in meiner Welt verloren fühle. Ach Brasilien, du hast mir die Augen darüber geöffnet, wo ich eines Tages stehen möchte. Irgendwo im Nirgendwo mit genug Mut und Freiheit im Gepäck: Ich bin mir sicher, eines Tages komm ich zurück.

An dieser Stelle möchte ich noch ein paar mehr Worte zum Thema allein Reisen finden. Wie du aus meinen Gedanken und meinen Einträgen rauslesen kannst, habe ich es sehr genossen, eigenständig neue Orte zu erkunden. Ich weiß, wie beängstigend diese Vorstellung zunächst scheint. Ich habe mich früher auch gefragt, warum ich das allein machen sollte, wenn ich all die Erinnerungen mit niemandem teilen kann. Warum ich mich diesem unangenehmen Gefühl des Alleinseins überhaupt stellen sollte. Ich habe für mich die Antwort auf diese Fragen gefunden: Weil es für mich eine wichtige Erfahrung war und immer noch ist, mich allein nicht einsam zu fühlen. Denn nur weil du allein reist, bist du nicht gleich einsam. In meinen Augen zeigt es so viel Stärke, sich alleine vor Herausforderungen zu stellen, sich nicht immer an seinem Umfeld zu orientieren und eigenverantwortlich neue Schritte zu wagen. Das Leben alleine anzugehen, sich nicht immer nur auf andere zu stützen. Und genau das haben mir meine Reisen gelehrt. Deine Stärke und dein Mut werden dir eine Menge Selbstbewusstsein und Kraft geben, wodurch du mit einer ganz anderen Haltung durch dein Leben gehen wirst. Bevor ich mich getraut habe, allein zu verreisen, habe ich mir so viele Gedanken gemacht. Ich hatte Angst zu scheitern, Heimweh zu haben, meine Reise abzubrechen, die Zeit nicht genießen und mich ohne Unterstützung nicht zurechtfinden zu können. Aber du wirst mit dieser Herausforderung wachsen und es wird immer jemanden geben, der dir helfen kann, wenn du nicht weiterweißt. Gerade heute ist es so leicht, den Kontakt nach Hause zu halten und sich bei Problemen an die Liebsten zu wenden.

Das erste Mal, dass ich allein gereist bin, war mit 18 Jahren, nachdem ich mein Abitur abgeschlossen hatte. Ich war für zwei Monate in Spanien, habe dort als Au Pair in einer Familie gelebt. Diese Zeit hat mir so unfassbar viel mitgegeben. Ich denke, wenn ich diese Erfahrung nicht gemacht hätte, wäre vieles anders gekommen. Es hat mir gezeigt, dass ich selbstständig entscheiden kann. Dass ich allein zurechtkomme und nur ich für mein Glück verantwortlich bin. Es liegt immer nur in meinen Händen, was ich aus meiner Zeit mache.

Drei Jahre nach dieser ersten Erfahrung in Spanien brauchte ich eine Auffrischung. Zehn Tage alleine in Málaga und Barcelona hatte es nur gebraucht, um mich wieder an das zu erinnern, was ich drei Jahre zuvor aus meiner Zeit als Au Pair mitgenommen hatte: Leichtigkeit, Optimismus, Dankbarkeit, Selbstbewusstsein und Stärke. Ich war wieder bei mir selbst angekommen. Konnte mich auf mich konzentrieren, neue Erfahrungen machen und mir selbst vor Augen führen, wie sehr das Glück in meinen eigenen Händen liegt. Ich konnte noch einmal mehr verstehen, was es heißt, sich selbst glücklich zu machen. Konnte wieder sehen, wie viele Möglichkeiten dieses Leben bietet und dass, egal wie schwer es manchmal ist, immer wieder gute Zeiten kommen. Und das möchte ich dir aus dieser kleinen Geschichte mitgeben.

Ich weiß, dass eine Trennung einen ziemlich dunklen Schatten auf dich und dein Leben werfen kann. Ich weiß, dass sich jeder Tag wie eine Ewigkeit anfühlt und man nicht weiß, wie man jemals wieder lachen soll. Ich habe genau diesen Schmerz gespürt. Diese Momente erlebt, wenn man sich in seinem Bett versteckt, den Kopf unters Kissen steckt und bitterlich weint. Wenn es so sehr weh tut, dass man nicht weiß, ob man diesen Schmerz überleben kann. Wenn der Stundenzeiger auf dem Ziffernblatt nur so vor sich hin kriecht und kein Ende in Sicht ist. Genauso wie ich diesen Schmerz erfahren habe, habe ich aber auch das absolute Glück gespürt. Das Glück gespürt, einfach frei zu sein, für mich zu sein und mich lebendig zu fühlen. Zu wissen, dass mir alle Türen offenstehen. Dass ich selbst für meine Zufriedenheit verantwortlich bin. Und ich wünsche mir für dich, dass du genau dieses Gefühl spürst, wenn du dich traust, dich neuen Herausforderungen zu stellen. Wenn du dich traust, dich auf eine Reise einzulassen, bei der du über dich hinauswächst und ganz neue Seiten an dir entdeckst. Ich kann dir von Herzen empfehlen, dich darauf einzulassen. Es wird dich so viel stärker machen.

Aber was soll ich sagen, so gut ich das alles gerade rede, stand auch ich vor ein paar Monaten wieder vor dem Punkt, dass ich nicht wusste, ob ich mich traue, länger allein zu reisen. Ich habe mein Studium beendet und habe mir lange vorgenommen, danach zu verreisen. Alles hinter mir zu lassen und in der Ferne die Welt zu erkunden. Und auch wenn ich weiß, wie besonders die Erfahrung sein würde, waren da wieder Zweifel. Und das ist normal! Es ist eine riesige Herausforderung, sich alleine auf eine Reise zu begeben. Es kostet viel Mut, sich nur auf sich selbst zu konzentrieren und alles Gewohnte zu verlassen. Also mach dir auch hier keinen Druck. Informier dich gut über dein Reiseziel. Überlege dir, was du dir von deiner Reise erhoffst. Natürlich sind es nicht immer nur diese wunderbaren erfüllten Tage. Es wird auch Tage geben, wo du dich allein fühlst und dir jemanden an deine Seite wünscht.

Aber vor allem wird es Tage geben, an denen du so viele Menschen kennenlernst, dass du gar keine Zeit hast, dich einsam zu fühlen. Du wirst dir zwischendurch wünschen, allein zu sein, weil einfach so viel los ist.

Mit diesen Gedanken bin ich im vergangenen Jahr auf eine besondere Reise aufgebrochen. Ich bin los – in Richtung Südamerika – erst mal für ein Projekt nach Argentinien. Dort habe ich in einer Gastfamilie gelebt und ein freiwilliges soziales Projekt unterstützt. Ich möchte dir hier auch einen Einblick in diese Gefühlswelt geben. Denn auch hier war der Start holprig. Ich musste mich erst mal daran gewöhnen, so weit weg von meiner Heimat und nur auf mich allein gestellt zu sein. Also – begleite mich gerne.

- Ein paar Tage vor der Reise -

„*Viele Gedanken in meinem Kopf, ein Durcheinander, ein Wirbelwind – viele Emotionen, Gefühle, Gedankenströme in alle Richtungen. Ich weiß nicht, was ich fühle. Ich weiß nicht, was ich denke und ich weiß nicht, was ich will, wo es hingeht. Und doch weiß ich, dass ich diese Reise gerade so sehr brauche, mehr als je zuvor. Um mich zu finden, meinen Weg einzuschlagen, mir meinen Traum zu erfüllen. Und doch ist da die Angst. Und die Frage ist: Wovor? Die Angst vorm Vermissen, vorm Scheitern, vor der Distanz. Und doch weiß ich, dass ich keine Angst haben brauche. Menschen, die in meinem Leben bleiben sollen, werden bleiben. Scheitern kann ich gar nicht, ich kann mich nur weiterentwickeln – ich werde mich weiterentwickeln. Und das Vermissen? Die Angst davor kann ich mir nicht nehmen und das ist wohl gerade die Angst, die in meinem Kopf vorherrscht.*"

– Der erste Abend –

„Da ist er nun – der Tag, auf den ich so lange hin gefiebert habe. Den ich mir so oft ausgemalt und über den ich so viel gesprochen habe. Mein erster Tag in Argentinien. Der ganze Tag gestern war total unrealistisch. So viele Gedanken, Erwartungen und Fragen in meinem Kopf: Wie wird die Zeit werden? Wie wird es mir gefallen? Und wie lange bin ich überhaupt weg?

Fragen, die mich wohl so müde machten, dass ich von meinen 13,5 Stunden Flug knapp 10 Stunden verschlafen hatte. Und so verging die Zeit tatsächlich wie im Flug. Auf einmal fing er also an, der erste Tag meines Abenteuers. Nach ein paar Komplikationen am Flughafen habe ich es dann endlich ins Hostel geschafft und bin nach einer erfrischenden Dusche das erste Mal so richtig rausgegangen.

Und irgendwie konnte ich es immer noch nicht richtig begreifen, dass ich jetzt hier bin. Deswegen war dieser erste Tag auch so komisch. Zum Teil habe ich in meinem Zimmer getanzt, habe mich unfassbar gefreut, war gespannt. Dann hatte ich zwischendurch ein unruhiges Gefühl, soweit weg zu sein, allein in einer riesigen Stadt – überfordert von den ganzen neuen Eindrücken und meinen eigenen Erwartungen, dass das jetzt wohl die beste Zeit meines Lebens wird. Und ich glaube, ich habe mich teilweise selbst unter Druck gesetzt. Ich habe so viel über das Reisen gelesen, dass ich die Erwartungshaltung hatte, am Ende der Zeit auch sagen zu können, wie toll es alleine ist. Ich glaube, ich muss akzeptieren, dass es nicht nur diese schönen Momente geben wird, sondern es auch zeitweise für mich überfordernd oder einsam sein kann. Alles kommt so, wie es kommen soll und ich kann den Weg wählen, mit dem ich mich am wohlsten fühle. Ich muss niemandem gerecht werden. Ich muss das tun, was mich glücklich macht. Und darüber muss ich mir gerade bewusst werden, um mir selbst den Druck rauszunehmen und die ganzen neuen Eindrücke zu verarbeiten.

Ich bin gespannt, was dieses Abenteuer mit mir macht. Ich werde zulassen, was sich gut anfühlt und werde daran wachsen – ohne Druck, ohne zu viele Erwartungen – Dinge geschehen und mich vom Wind treiben lassen. Ich bin mir sicher, dass ich nach meiner Eingewöhnungsphase glücklich mit dieser Entscheidung sein werde."

- Nach zehn Tagen -

„Ein Sonntagabend in meinem neuen Zuhause; Meine liebste Playlist läuft über meine Musikbox, das Fenster ist offen, ich höre Hunde bellen, Vögel zwitschern und nehme mir jetzt die Zeit, meine ersten zehn Tage in Argentinien zu verarbeiten. Meine Erlebnisse aufzuschreiben, meine Erkenntnisse zu verinnerlichen und zu reflektieren, was schon alles passiert ist.

Am Samstag kam ich bei meiner neuen Gastfamilie an – voller Erwartungen, mehr als gespannt und bereit, in das Abenteuer einzutauchen.

Der erste Morgen war ganz komisch. Ich glaube, ich habe in diesem Moment realisiert, dass ich jetzt wirklich angekommen bin. Ich habe mich unwohl gefühlt, alles war anders und fremd – die Unterkunft, die Leute, die Sprache, das Land. So viele neue Eindrücke haben mich mehr als überwältigt und so hatte ich ein paar emotionale

Momente und habe unter Tränen meine Mama angerufen. Nach dem Gespräch mit ihr ging es mir schon besser und ich habe mich aufgerafft und bin zu einem Karnevalfestival mit den anderen Freiwilligen gegangen. Und es war so gut, dass ich mitgegangen bin! Ich bin rausgekommen, habe neue Leute kennengelernt, war auf einer sehr verrückten Party und abgelenkt davon, mich einsam zu fühlen.

Nach diesem überwältigenden Sonntag wurde es jeden Tag ein Stück besser. Ich habe viele neue Leute kennengelernt, war das erste Mal in meiner Organisation arbeiten. Bald ging es auf unseren ersten richtigen Ausflug. Zwischen all den guten Gesprächen und atemberaubenden Aussichtspunkten, habe ich das erste Mal wirklich gespürt, warum es richtig war, diese Reise anzutreten. Um Neues zu sehen, mich mit anderen Leuten zu umgeben, mir andere Geschichten anzuhören und neue Eindrücke zu sammeln.

Also was ich festhalten kann? Ich würde sagen, ich habe mich nach meiner ersten Woche eingewöhnt. Mein Spanisch wird besser, ich lerne viel dazu, ich habe so liebe Menschen kennengelernt, habe von meiner Gastfamilie so viel Gastfreundschaft erfahren, tolle Orte gesehen und so herzliche Kinder in meiner Organisation kennengelernt. Wenn ich das mal alles reflektiere, läuft es doch echt gut, auch wenn ich anfangs etwas Schwierigkeiten mit der neuen Situation hatte.

Es tut gut, so frei und unabhängig zu sein. Neue Menschen kennenzulernen, neue Orte zu erkunden und die Zeit zu haben, nur für mich zu reisen und frei zu entscheiden, mit wem ich wo und zu welcher Zeit sein möchte.

Wer hätte heute vor einem Jahr gedacht, dass ich an diesem Punkt sein werde? Das Leben ist eine Reise und ich bin gerade mittendrin. Danke für diese Reise – zu mir selbst."

- Nach einem Monat -

„Wir haben Samstagabend, ich bin vor ein paar Stunden von unserem Trip nach Hause gekommen. Das war sie nun: Meine vierte Woche in Argentinien. Ich bin schon seit einem Monat hier – Wahnsinn, wie schnell die Zeit vergeht. Das Wochenende war unfassbar schön! Ich war mit meinen drei Freunden an einem See. Wir haben uns so gut verstanden, hatten tolle Gespräche, haben viel zusammen gelacht und besondere Tage zusammen verbracht. Die drei sind mir echt ans Herz gewachsen und ich habe sie richtig lieb! Wir waren wie eine kleine Familie und die ganze Zeit über so glücklich gemeinsam unterwegs zu sein. Es ist unglaublich, wie schnell man mit Menschen so warm werden und sich so viel Liebe entgegenbringen kann.

Ich war gestern richtig glücklich – an einem anderen Ort zu sein, was Neues zu sehen, den Tag so zu gestalten, wie wir wollen – das gibt mir so viel Vorfreude auf meine Weiterreise. Ich denke, es wird noch besser, als es sowieso schon ist.

Generell war diese Woche echt cool. Am Mittwoch haben wir einen Ausflug zu Wasserfällen gemacht und ich bin extrem begeistert und angetan von der Vielfalt Argentiniens. Und ich habe meine Weiterreise nun sicher gebucht! Ahhhh – ich freue mich so sehr. Ich bin so glücklich, voller Vorfreude und gespannt, was für tolle

Momente mir noch bevorstehen. Kann mein Glück, meine Möglichkeiten und meine Freiheit nicht fassen. Ich liebs. Bis bald!"

- Nach sechs Wochen -

„Ich sitze gerade am Strand in Florianópolis, im Süden von Brasilien, allein – hab mir eben die Sanddünen an-geschaut und nehme mir jetzt mit guter Musik in den Oh-ren die Zeit, über meine letzten Tage zu schreiben. Ich erlebe gerade eine aufregende und gute Zeit. Lerne sehr viele neue Leute kennen, höre fremde Geschichten, lerne andere Kulturen und Sprachen kennen. Denke viel dar-über nach, wohin meine Reise gehen soll und genieße im-mer mehr die Zeit, in der ich mal alleine bin. Es ist tat-sächlich so, wie alle sagten – du bist nicht allein, es sei denn, du willst es sein. Und wenn ich das will, habe ich immer die Freiheit, mir die Zeit dafür zu nehmen. Das ist schön und das genieße ich.

Für alle Sorgen und Probleme ist letztlich immer eine Lö-sung gefunden worden. Alles wird immer gut werden. Ich stehe oft vor neuen Herausforderungen und weiß nicht, wie ich Dinge angehen soll, wie ich mich entscheiden soll. Aber letztlich finde ich immer einen Weg, mit dem ich zufrieden bin und der sich richtig anfühlt.

Ich lebe gerade genau das Leben, das ich mir so lange gewünscht habe: frei, unabhängig und selbstbestimmt. Die ganze Welt steht mir offen und ich habe so viele Möglichkeiten, dass ich manchmal überfordert bin. Ich bin so unfassbar dankbar hier zu sein, reisen zu können, allein klarzukommen und das Privileg zu haben, mein Le-ben und meine Reise so zu gestalten, wie es mir gefällt.

*Und nur mir. Es ist verrückt, dass ich gerade allein in Bra-
silien am Strand sitze. Wer hätte diese Entwicklung vor
ein paar Jahren erwartet? Ich bin da, wo ich lange sein
wollte und ich kann unfassbar stolz auf mich sein. Ich
merke Tag für Tag, dass mich diese Reise so sehr wei-
terbringt.*

*Schauen wir mal, wohin es mich ab Donnerstag ver-
schlägt. Welcher Ort mein nächstes Ziel ist und was mich
diese Reise noch alles lehrt."*

Ich glaube, jetzt hast du einen guten Einblick in meine
Reise und meine Gefühlswelt bekommen können. Es ist
nicht immer alles perfekt, aber das muss es auch nicht.
Wenn du dich auf deine erste Reise allein begibst, wirst du
vor einigen großen Herausforderungen stehen, mal verzweifeln und mal nicht weiterwissen. Aber all diese Probleme wirst du aus eigener Kraft meistern und letztlich
glücklich über deine Entwicklung und stolz auf deinen Weg
sein.

Ich hoffe, ich konnte dir die Angst nehmen und durch
meine Einträge verdeutlichen, wie viel positive Energie ich
aus meinen Reisen schöpfen konnte. Ich wünsche jedem
die Möglichkeit, sich die Zeit für sich nehmen und allein
losreisen zu können. Letztlich bist du der Mensch, mit dem
du dein ganzes Leben teilen wirst. Da solltest du dir auch
die Zeit nehmen, dich wirklich kennenzulernen oder nicht?

as she placed
her fingers
on her own neck
wrapped her arm
around her own body
closed her eyes
and said
welcome home

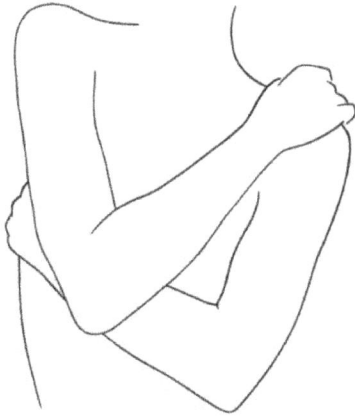

SELBSTLIEBE

Wir haben Februar 2020. Ich sitze allein in einem Café, inmitten des Trubels einer Stadt ganz im Süden von Brasilien. Vor mir ein portugiesisches Gedichteband, gefüllt mit zauberhaften Worten internationaler Schriftsteller. Während ich mir mit meinen Spanischkenntnissen die portugiesischen Zeilen zu übersetzen versuche, verweile ich bei diesen Gedanken von Oscar Wilde: Amar a si mesmo é o começo de um romance para toda a vida.[1]

Sich selbst zu lieben, ist der Beginn einer lebenslangen Romanze. Ich schaue vom Papier auf. Das, was ich versuche auf dieser Reise zu finden, liegt ausgebreitet vor mir.

In diesem Moment verstehe ich, dass die Beziehung zu mir selbst das Wichtigste ist. Diese Romanze bleibt mein Leben lang. Wir sind in einer lebenslangen Beziehung mit uns, wir halten es Tag für Tag mit uns aus. Wäre es da nicht einfacher, uns selbst die Hand zu reichen und sich gemeinsam auf diese lebenslange Reise zu begeben? Nicht gegen sich anzukämpfen, schlecht zu machen, zu kritisieren und immer wieder Negatives einzureden – sondern Dasein, dem Inneren zuhören, sich zu unterstützen und Gutes zureden. Irgendwas verändert sich in diesem Moment. Irgendwie sind diese portugiesischen Worte ein Licht für mich. Ein Licht, das mir zeigt, dass ich auf dem richtigen Weg bin. Und dieses Licht nehme ich mit.

Ich stehe vor meinem Spiegel. Ich betrachte mich – schaue mein Gesicht an und lasse die Augen über meinen Körper wandern. Ich denke an das Licht, das ich in den Zeilen von

---

[1] gelesen in: Bolina, E. (2017). *Eu Te Amo.*

Oscar Wilde finden durfte und schaue mich noch genauer an. So lange, bis ich anfange, mich aus einem anderen Blickwinkel zu betrachten. Irgendwann sehe ich nicht mehr nur das Äußere – irgendwann fange ich an, mich selbst zu sehen. Und sehe vor mir all das, was ich erlebt habe. All die dunklen Phasen in meinem Leben, die ich durchgestanden habe. All die Sorgen, die auch jetzt noch Teil meiner Realität sind. Aber auch all das Positive, das mir mein Leben ermöglicht und mich jeden Tag zum Strahlen bringt. Und plötzlich verschwimmt das Äußere – plötzlich ist da nicht mehr nur diese Hülle, die ich mir mit einem kurzen Blick vorm Rausgehen anschaue. Verurteile, wenn sie nicht perfekt ist und mit Anderen vergleiche. Plötzlich ist da mehr – ich erkenne mich selbst dahinter. Die Person, die das Leben aus mir gemacht hat. Die Person, die mehr ist als das, was das Äußere zu sein scheint. Und mit einem Mal trifft mich diese Erkenntnis so sehr, dass es mich fast verzweifeln lässt, wie viel diese kurzen Blicke schon angerichtet haben. Wie viel ich an meinem Selbstwert gezweifelt habe, wenn dieser kurze Blick nicht gestimmt hat. Wie viele Gedanken mir mein Äußeres gestohlen haben, die ich hätte für mein Inneres nutzen können. Und in dem Moment wird mir klar, dass ich mich nicht mehr mit diesem abschätzigen Blick betrachten möchte, dass ich mir mehr wert bin als eine oberflächliche Bewertung, dass mein Inneres so wertvoll ist, dass es einen zweiten Blick bedarf. Und mit dieser Erkenntnis fand ich die Richtung in mein selbstbestimmtes Leben.

Dieses Kapitel ist für dich – es soll dir Zweifel nehmen und Mut machen. Wie eine liebevolle Schwester einen Arm umlegen und zeigen, wie viel mehr es gibt als die ganzen Schönheitsideale, die uns verunsichern.

Gerade nach meiner Trennung habe ich viel an mir gezweifelt. Habe mich infrage gestellt, nach jeglichen Gründen gesucht, warum wir nicht funktionieren konnten. Habe mich mit anderen verglichen – und Fehler bei mir gesucht. Bin unsicher gewesen, wollte mich irgendwie verändern. Wollte am liebsten jemand anders sein, damit ich den Schmerz nicht mehr spüren muss. Damit ich aus dieser Hülle schlüpfen kann und nicht mehr fühlen muss, was er in mir ausgelöst hat.

Aber genau das hat mich nur noch tiefer in einen Strudel voller Selbstzweifel geführt. Voller negativer Gefühle, Angst und Unsicherheit. Wenn eine Beziehung scheitert, liegt es oft an beiden. Jeder macht Fehler – das ist ganz normal. Und natürlich wirst auch du Fehler in dieser Beziehung gemacht haben. Aber an einem Punkt in deiner Verarbeitung, solltest du akzeptieren und verstehen, dass ihr zusammen nicht funktioniert habt und du die Schuld dafür nicht nur auf dich nehmen kannst. Dass es dich nicht weniger wertvoll macht, wenn eine Beziehung scheitert. Es kann aus so unfassbar vielen Gründen auseinandergehen. Manche Menschen sind einfach nicht füreinander gemacht. Aber all das bedeutet nicht, dass du nicht gut, schön oder wertvoll genug bist, denn du bist genau richtig, so wie du bist.

Ich finde, in dieser ganzen Single-Phase, die ich durchlebt habe, war es eine meiner wichtigsten Lektionen, zu verstehen, dass es nicht nur mein Verlust ist, wenn jemand aus meinem Leben tritt. Sondern dass es auch ganz klar der Verlust meines Gegenübers ist. Nimm dir mal die Zeit, dir darüber Gedanken zu machen, was das Besondere an dir ist. Welche Eigenschaften man an dir zu schätzen wissen sollte und wie viel Positives du in das Leben einer anderen Person tragen kannst. Je klarer das für mich wurde, desto einfacher war es damit umzugehen, wenn Menschen aus meinem Leben treten.

Deshalb hoffe ich, dass du dir deines eigenen Wertes bewusst wirst. Es wird dir dabei helfen, bei Rückschlägen nicht direkt an dir zu zweifeln. Es wird dir Mut machen, dass es andere Menschen geben wird, die das Besondere in dir sehen und sich glücklich schätzen, dich in ihrem Leben zu wissen. Und solche Menschen brauchst du in deinem Leben. Menschen, die dir guttun und denen du guttust. Die dich respektieren, sich loyal und aufrichtig dir gegenüber verhalten und das in dir sehen, was du wirklich bist.

Gerade wenn du dich noch viel ausprobierst, um herauszufinden, wo dein Platz in dieser Welt ist, wirst du die verschiedensten Menschen kennenlernen. Es werden Menschen in dein Leben treten, die wie Balsam für deine Seele sind. Die sich wie Seelenverwandte anfühlen, dein Leben ausschmücken und mit denen die Zeit wie im Flug vergeht.

Aber du wirst auch mit Menschen agieren, die dir nicht guttun und dich verletzen. Ich glaube daran, dass jeder Mensch in meinen Leben eine Lektion für mich ist. Ob eine Gute oder Schlechte – aus jeder Begegnung kann ich etwas mitnehmen, kann erfahren, was ich möchte oder auch nicht möchte.

Behalte dabei nur immer im Hinterkopf, dass sich dein Wert nicht durch andere bestimmt. Mit manchen Menschen funktioniert es – und mit manchen nicht. Und natürlich ist es wichtig, dass du dich reflektierst und hinterfragst. Dass du deine Taten überdenkst und deine Werte verfolgst. Aber verfalle nicht in einem Strudel voller Selbstzweifel, wenn es mit manchen Menschen nicht funktioniert.

Ich möchte dir den Druck nehmen, jemand zu sein, der du nicht bist – um jemandem zu gefallen, der dich nicht richtig sieht. Ich weiß, wie es sich anfühlt, sich in dieser Welt verloren zu fühlen. Dass man sich manchmal in Beziehungen reinstürzt, um zu kompensieren, was einem fehlt. Um sich Bestätigung zu holen, weil man mit irgendeinem Umstand unzufrieden ist. Und das gehört wahrscheinlich auch dazu und sind ganz normale Phasen, die man durchläuft. Aber du solltest wissen, dass du, so wie du bist, absolut gut bist. Du musst dich nicht für Menschen verbiegen, du musst dir nichts aufdrängen, was du nicht bist. Du musst nicht versuchen, jemand anderes zu sein, um anderen zu gefallen.

Du solltest lieber deine Zeit damit verbringen herauszufinden, wer du bist und wer du sein willst – für dich und für niemand anderen. Du solltest dir die Zeit nehmen und überlegen, welche Werte dir entsprechen, was du dir von deinem Leben erhoffst und auf was für ein Leben du am Ende deiner Tage zurückblicken möchtest.

Und für diese Reise zu dir selbst möchte ich dir ein paar Fragen mit auf den Weg geben, bei denen es sich lohnen wird, sich die Zeit zu nehmen, darüber nachzudenken. Es ist nicht wichtig, sofort auf all diese Fragen Antworten zu finden und genau zu wissen, was dich ausmacht und antreibt. Hier ist der Weg das Ziel – und sobald du anfängst, dich damit auseinanderzusetzen, sind die ersten Schritte getan. Du bist du – und nur du bist verantwortlich für dein Leben. Nur du bist verantwortlich für dein Glück. Und diese Aufgabe solltest du dir erfüllen und nicht dein Glück von einer Beziehung oder anderen Menschen abhängig machen.

- Was sind deine Werte?
- Worauf kommt es dir in Beziehungen an und was ist dir wirklich wichtig?
- Was wünschst du dir von deinem:deiner Partner:in?
- Was zeichnet dich aus und wofür stehst du ein?
- Wie möchtest du von anderen wahrgenommen werden?
- Wie möchtest du von den folgenden Personen beschrieben werden?
    - einem Familienmitglied?
    - deinem:deiner besten Freund:in?
    - jemanden aus deinem beruflichen Kontext?
- Welche fünf Träume möchtest du dir im Laufe deines Lebens erfüllen?
- Wie stellst du dir einen perfekten Tag vor?
- Was kannst du tun, damit dein Alltag deinem perfekten Tag näherkommt?

Es ist überhaupt nicht schlimm, wenn du auf diese ganzen Fragen nicht sofort eine Antwort findest. Die eigene Persönlichkeit zu finden, Werte zu entwickeln und Vorstellungen zu formulieren, kann in dieser Welt voller Möglichkeiten überfordern und verunsichern.

Deshalb ist es wichtig, dass du dir immer wieder Zeit für dich nimmst, dich reflektierst und an dir arbeitest, um deine Antworten zu finden. Um dir darüber klar zu werden, wer du bist und wer du sein willst – denn nur so kannst du wissen, wer zu dir und deinem Leben passt. Während du auf all diese Fragen Antworten findest, wirst du lernen, dass das Glück ganz in deinen Händen liegt, dass du allein alles schaffen kannst und dass du keine Beziehung brauchst, um glücklich zu sein. Und wenn du an diesem Punkt angekommen bist, kannst du dich auch wieder für eine neue Beziehung öffnen. Dann kannst du dich in dieses wahnsinnige Abenteuer erneut stürzen und die Liebe finden. Denn nur dann, wenn du dich selbst kennst und liebst, kannst du die Liebe deines Gegenübers annehmen. Weil du verstehen wirst, warum er dich liebt. Weil du weißt, dass du liebenswert bist. Und dann kannst du all die Liebe zurückgeben.

Mein Leben lebt sich leichter, seit ich mir über all diese Dinge bewusst bin. Meine Persönlichkeit formt sich immer mehr, meine Vorstellungen werden konkreter und ich finde mit jedem Tag ein Stück mehr zu mir. Und das erleichtert es mir, mich nicht an Menschen zu binden, die mir nicht guttun. Mich nicht von Menschen verletzen zu lassen, die meine Aufmerksamkeit nicht verdienen. Und ich hoffe, dass es dir dein Leben auch erleichtert.

Ich hoffe, dass du während des Lesens irgendwo zwischen den Zeilen deinen Frieden gefunden hast. Den Frieden damit, dass das Leben manchmal andere Pläne für dich hat. Dass manche Menschen nicht in dein Leben gehören, aber dein Leben immer weitergeht. Dass es nie ausweglos ist, immer eine neue Chance auf dich wartet. Und wenn du jetzt kurz vor einer neuen Abzweigung stehst – bereit, diese lebenslange Romanze mit dir einzugehen, dann nimm dir noch diesen Rucksack von mir mit. Prall gefüllt mit Liebe, Positivität und Mut – und jetzt lauf los.

Ich weiß, du findest deinen Weg.

DANKE

18. Juli 2019:
„Vielleicht kann ich meine Geschichte erzählen und Menschen damit helfen. Ich hätte mir damals in der Situation so was gewünscht. Ich hätte eine Geschichte lesen wollen, die mir zeigt, dass es weiter geht."

14. April 2020:
„Ich werde ein Buch schreiben – ein Buch, das Menschen durch eine Trennung trägt. Eine emotionale Unterstützung für andere ist. Ich möchte Teile meines Tagebuchs veröffentlichen, meine Gedanken teilen und mit anderen gemeinsam die schlechten Phasen überwinden. Für irgendwas war mein Schmerz damals gut – und ich glaube, ich habe den Sinn dahinter gefunden."

Ein Jahr ist seit diesen Zeilen vergangen. In Worte zu fassen, was mir damals durch den Kopf ging, war eine Reise durch meine eigene Entwicklung.

Und zuallererst bin ich dankbar für den Grund dieser Reise: unsere Beziehung. Die Zeit mit ihm hat mir die Liebe in all ihren Facetten gezeigt – mal laut, mal leise, mal ist sie über mir zusammengebrochen und mal hat sie mich mitgerissen.

Ich bin dankbar dafür, dass unsere Trennung mir gezeigt hat, wie wichtig es ist, auf mich selbst zu vertrauen. Dafür, dass ich meine Weiterreise ohne ihn angetreten bin und mich heute umdrehen darf – mit einem Lächeln in meinem Gesicht vor mir sehe, was die Zeit aus uns gemacht hat.

Und ganz besonders dankbar bin ich für meine Liebsten, die mich Tag für Tag auf dieser Reise begleiten.

Mama – Du bist die Sonne in meinem Leben.

Danke fürs Zuhören, das Gemeinsam-Durchstehen und deinen Optimismus.

Danke an meinen Bruder. An Celli. An Nadini.

Danke, dass ihr mich unterstützt, mutig zu sein.

Und Danke an all die anderen zauberhaften Menschen in meinem Leben: Ihr inspiriert mich jeden Tag.

Danke an das Leben für die neuen Chancen. Die Freiheit und die Zeit, die Welt zu entdecken und mich selbst zu finden.

Und Danke an dich – fürs Lesen meiner Geschichte. Fürs zusammen erinnern, loslaufen und ankommen.

Fühl dich gedrückt,
Vanessa Florine

Lightning Source UK Ltd.
Milton Keynes UK
UKHW010649081021
391877UK00003B/460